智能网联汽车先进驾驶辅助系统（ADAS）

崔胜民　编著

化学工业出版社

·北京·

内容简介

本书全面系统地介绍了智能网联汽车常见的先进驾驶辅助系统（ADAS），主要包括先进驾驶辅助系统的基础知识、前向碰撞预警系统、车道偏离预警系统、盲区监测系统、车道保持辅助系统、自动紧急制动系统、自适应巡航控制系统、智能泊车辅助系统、自适应前照明系统、夜视辅助系统、抬头显示系统以及驾驶员疲劳监测系统。

本书内容新颖，条理清晰，通俗易懂，实用性强，可供从事汽车行业的工程技术人员及相关专业的本科生、研究生参考，还可供智能网联汽车爱好者阅读。

随书附赠教学资源，请访问 https://www.cip.com.cn/Service/Download 下载。

在如图所示位置，输入"42660"点击"搜索资源"即可进入下载页面。

图书在版编目（CIP）数据

智能网联汽车先进驾驶辅助系统：ADAS / 崔胜民编著. —北京：化学工业出版社，2023.3
  ISBN 978-7-122-42660-4

Ⅰ.①智… Ⅱ.①崔… Ⅲ.①汽车驾驶-自动驾驶系统-系统仿真 Ⅳ.①U463.61

中国版本图书馆 CIP 数据核字（2022）第 245149 号

责任编辑：陈景薇　　　　　　　　　装帧设计：张　辉
责任校对：刘曦阳
出版发行：化学工业出版社（北京市东城区青年湖南街 13 号　邮政编码 100011）
印　　装：高教社（天津）印务有限公司
787mm×1092mm　1/16　印张 12¼　字数 284 千字
2023 年 3 月北京第 1 版第 1 次印刷
购书咨询：010-64518888　　　　　　售后服务：010-64518899
网　　址：http://www.cip.com.cn

定　价：88.00 元　　　　　　　　　版权所有　违者必究

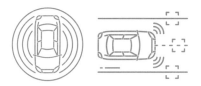

前　言

　　目前国内汽车产业正在转型升级，无论是传统燃油汽车还是新能源汽车，都在加快智能化和网联化，向智能网联汽车方向发展。先进驾驶辅助系统（ADAS）是智能网联汽车的重要组成部分，是实现无人驾驶的基础，是智能网联汽车重点发展的关键技术。先进驾驶辅助系统的成熟程度和配置情况代表了智能网联汽车的技术水平。

　　本书全面系统地介绍了智能网联汽车的常见先进驾驶辅助系统，共分九章：第一章介绍了先进驾驶辅助系统的基础知识，包括先进驾驶辅助系统的定义与组成、先进驾驶辅助系统的类型、智能传感器、目标识别技术以及先进驾驶辅助系统的应用；第二章介绍了前向碰撞预警系统，包括前向碰撞预警系统的定义与组成、工作原理与工作模式、模型、检测区域、测试以及仿真实例；第三章介绍了车道偏离预警系统，包括车道偏离预警系统的定义与组成、工作原理与要求、算法、测试以及仿真实例；第四章介绍了盲区监测系统，包括盲区监测系统的定义与组成、工作原理与要求、算法以及测试；第五章介绍了车道保持辅助系统，包括车道保持辅助系统的定义与组成、工作原理与要求、控制算法、测试以及仿真实例；第六章介绍了自动紧急制动系统，包括自动紧急制动系统的定义与组成、工作原理与要求、测试以及仿真实例；第七章介绍了自适应巡航控制系统，包括自适应巡航控制系统的定义与组成、工作原理与要求、模型、控制技术、测试以及仿真实例；第八章介绍了智能泊车辅助系统，包括智能泊车辅助系统的定义与组成、工作原理与要求以及测试；第九章介绍了其他先进驾驶辅助系统，包括自适应前照明系统、夜视辅助系统、抬头显示系统以及驾驶员疲劳监测系统。

　　在本书编写过程中，引用了一些资料和图片以及参考文献中的部分内容，特向其作者表示深切的谢意。

　　由于编者学识有限，书中不足之处在所难免，恳盼读者给予指正。

编著者

智能网联汽车先进驾驶辅助系统
（ADAS）

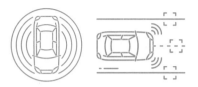

目　录

参考文献

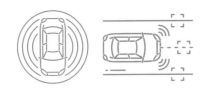

第一章
先进驾驶辅助系统的基础知识

第一节　先进驾驶辅助系统的定义与组成

一、先进驾驶辅助系统的定义

随着汽车智能化水平的提高，汽车开始装备各种先进驾驶辅助系统，如车道偏离预警系统、前向碰撞预警系统、自动紧急制动系统、自适应巡航控制系统、驾驶员疲劳监测系统等，这些先进驾驶辅助系统的安装，提高了汽车行驶安全性，减轻了驾驶员的负担。

《道路车辆　先进驾驶辅助系统（ADAS）　术语及定义》（GB/T 39263—2020）中对先进驾驶辅助系统进行了如下定义：先进驾驶辅助系统（Advanced Driver Assistance Systems，ADAS）是利用安装在车辆上的传感、通信、决策及执行等装置，实时监测驾驶员、车辆及其行驶环境，并通过影像、灯光、声音、触觉提示/警告或控制等方式辅助驾驶员执行驾驶任务或主动避免/减轻碰撞危害的各类系统的总称。图1-1所示为具有先进驾驶辅助系统的智能网联汽车。

图1-1　具有先进驾驶辅助系统的智能网联汽车

先进驾驶辅助系统是智能网联汽车重点发展的技术，其成熟程度和使用多少代表智能网联汽车的技术水平。先进驾驶辅助系统在智能网联汽车上的渗透率越来越高，如某汽车装备了车道偏离预警系统、前向碰撞预警系统、自动紧急制动系统以及自适应巡航控制系统，如图1-2所示。

图1-2　某汽车装备的先进驾驶辅助系统

二、先进驾驶辅助系统的组成

先进驾驶辅助系统一般由环境感知单元、信息处理单元和控制执行单元组成，环境感知单元是先进驾驶辅助系统的"眼睛"，信息处理单元是先进驾驶辅助系统的"大脑"，控制执行单元是先进驾驶辅助系统的"手脚"，如图1-3所示。

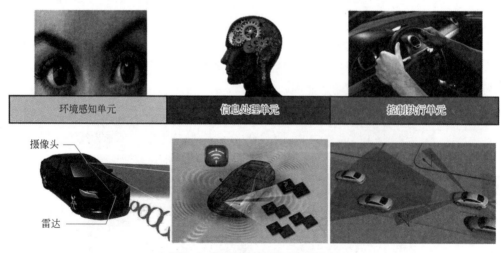

图1-3　先进驾驶辅助系统的组成

1. 环境感知单元

环境感知单元主要通过安装在智能网联汽车上的智能传感器或V2X通信技术获取道路、车辆、行人和交通标志等信息，并把这些信息传输给信息处理单元。智能传感器主要包括视觉传感器、超声波雷达、毫米波雷达和激光雷达以及它们的融合，V2X通信技术主要包括 V2V（车辆与车辆）、V2I（车辆与基础设施）和 V2P（车辆与行人）。

2. 信息处理单元

信息处理单元接收环境感知单元的信息，进行道路识别、车辆识别、行人识别和交通标志识别等，用于车道保持辅助系统、自动紧急制动系统、自适应巡航控制系统和交通标志识别系统等先进驾驶辅助系统。信息处理单元主要包括硬件的中央处理器（Central Processing Unit，CPU）或图形处理器（Graphics Processing Unit，GPU）和软件算法，软件算法越来越多地把机器学习、深度学习等人工智能技术用于信息的处理，以提高信息处理的速度和准确度。

3. 控制执行单元

控制执行单元接收信息处理单元的指令，对驾驶员预警或执行车辆控制，保障车辆安全行驶。

先进驾驶辅助系统包括几十种类型，每种类型的环境感知单元、信息处理单元和控制执行单元都不一样。即便是同一种类型，不同厂商的产品也不一样，特别是环境感知单元的智能传感器和信息处理单元的算法是有一定差别的。例如，同样是自适应巡航控制系统，有使用毫米波雷达的，有使用视觉传感器的，也有使用少线束激光雷达的。使用的智能传感器不一样，其算法、成本及性能也就不一样。不同车型具有的先进驾驶辅助系统的类型也不一样。

第二节　先进驾驶辅助系统的类型

一、信息辅助类的先进驾驶辅助系统

信息辅助类的先进驾驶辅助系统见表 1-1，它们只能对驾驶员提供预警信息，不能实现自动操作。

表 1-1　信息辅助类的先进驾驶辅助系统

系统名称	系统图示	系统功能
前向碰撞预警（FCW）系统		能够实时监测车辆前方行驶环境，并在可能发生前向碰撞危险时发出警告信息
后向碰撞预警（RCW）系统		能够实时监测车辆后方环境，并在可能受到后方碰撞危险时发出警告信息
车道偏离预警（LDW）系统		能够实时监测车辆在本车道的行驶状态，并在出现或即将出现非驾驶意愿的车道偏离时发出警告信息

系统名称	系统图示	系统功能
变道碰撞预警（LCW）系统	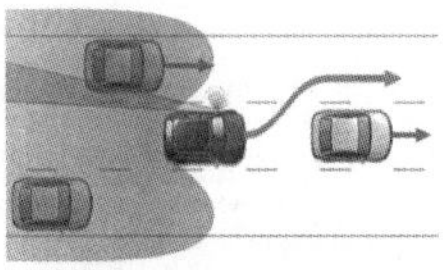	能够在车辆变道过程中，实时监测相邻车道，并在车辆侧方和／或侧后方出现可能与本车发生碰撞危险的其他道路使用者时发出警告信息
盲区监测（BSD）系统		能够实时监测驾驶员视野盲区，并在其盲区内出现其他道路使用者时发出提示或警告信息
侧向盲区监测（SBSD）系统		能够实时监测驾驶员视野的侧方及侧后方盲区，并在其盲区内出现其他道路使用者时发出提示或警告信息
转向盲区监测（STBSD）系统		能够在车辆转向过程中，实时监测驾驶员转向盲区，并在其盲区内出现其他道路使用者时发出警告信息
后方交通穿行提示（RCTA）系统	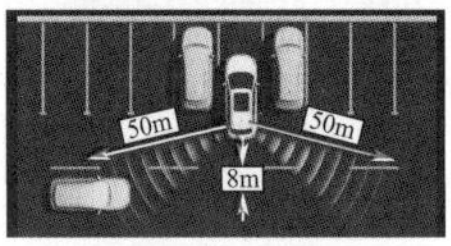	能够在车辆倒车时，实时监测车辆后部横向接近的其他道路使用者，并在可能发生碰撞危险时发出警告信息
车门开启预警（DOW）系统	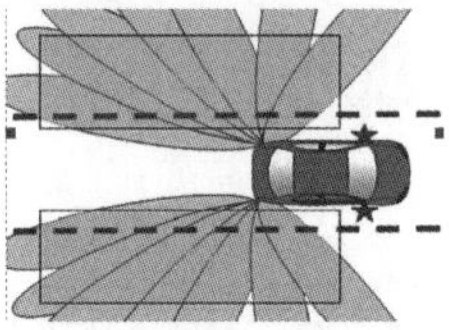	能够在停车状态即将开启车门时，监测车辆侧方及侧后方的其他道路使用者，并在可能因车门开启而发生碰撞危险时发出警告信息
驾驶员疲劳监测（DFM）系统		能够实时监测驾驶员状态并在确认其疲劳时发出提示信息
驾驶员注意力监测（DAM）系统		能够实时监测驾驶员状态并在确认其注意力分散时发出提示信息。目前的驾驶员疲劳监测系统一般包括驾驶员注意力监测功能
交通标志识别（TSR）系统		能够自动识别车辆行驶路段的交通标志并发出提示信息
智能限速提示（ISLI）系统		能够自动获取车辆当前条件下所应遵守的限速信息并实时监测车辆行驶速度，在车辆行驶速度不符合或即将超出限速范围的情况下适时发出提示信息

系统名称	系统图示	系统功能
抬头显示（HUD）系统		能够将信息显示在驾驶员正常驾驶时的视野范围内，使驾驶员不必低头就可以看到相应的信息
夜视（NV）系统		能够通过红外线或热成像摄像机在夜间或其他弱光行驶环境中为驾驶员提供视觉辅助或警告信息
全景影像监测（AVM）系统		能够向驾驶员提供车辆周围360°范围内环境的实时影像信息

二、控制辅助类的先进驾驶辅助系统

控制辅助类的先进驾驶辅助系统见表1-2，它们能够对系统进行自动操作，有的系统还能够对驾驶员提供预警信息。

表1-2　控制辅助类的先进驾驶辅助系统

系统名称	系统图示	系统功能
自动紧急制动（AEB）系统		能够实时监测车辆前方行驶环境，并在可能发生碰撞危险时自动启动车辆制动系统使车辆减速，以避免碰撞或减轻碰撞后果
紧急制动辅助（EBA）系统		能够实时监测车辆前方行驶环境，在可能发生碰撞危险时提前采取措施以减少制动响应时间，并在驾驶员采取制动操作时辅助增加制动压力，以避免碰撞或减轻碰撞后果
紧急转向辅助（ESA）系统		实时监测车辆前方和侧方行驶环境，在可能发生碰撞危险且驾驶员有明显的转向意图时辅助驾驶员进行转向操作
智能限速控制（ISLC）系统		能够自动获取车辆当前条件下所应遵守的限速信息并实时监测车辆行驶速度，辅助驾驶员控制车辆行驶速度，以使其保持在限速范围之内

系统名称	系统图示	系统功能
车道保持辅助（LKA）系统		能够实时监测车辆与车道边线的相对位置，持续或在必要情况下控制车辆横向运动，使车辆保持在原车道内行驶
车道居中控制（LCC）系统		能够实时监测车辆与车道边线的相对位置，持续自动控制车辆横向运动，使车辆始终在车道中央区域行驶
车道偏离抑制（LDP）系统	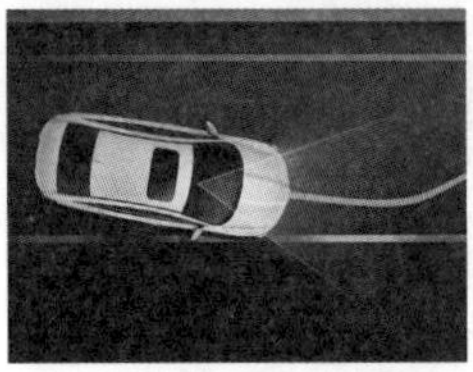	能够实时监测车辆与车道边线的相对位置，在车辆将发生车道偏离时控制车辆横向运动，辅助驾驶员将车辆保持在原车道内行驶
自适应巡航控制（ACC）系统		能够实时监测车辆前方行驶环境，在设定的速度范围内自动调整行驶速度，以适应前方车辆和／或道路条件等引起的驾驶环境变化
交通拥堵辅助（TJA）系统		能够在车辆低速通过交通拥堵路段时，实时监测车辆前方及相邻车道行驶环境，并自动对车辆进行横向和纵向控制，其中部分功能的使用需经过驾驶员的确认
智能泊车辅助（IPA）系统		能够在车辆泊车时，自动检测泊车空间并为驾驶员提供泊车指示和／或方向控制等辅助功能
自适应前照明（AFL）系统		能够自动进行近光／远光切换或投射范围控制，从而为适应车辆各种使用环境提供不同类型光束

比较常见的先进驾驶辅助系统有前向碰撞预警系统、车道偏离预警系统、盲区监测系统、车道保持辅助系统、自适应巡航控制系统、智能泊车辅助系统、自适应前照明系统、抬头显示系统、夜视辅助系统、驾驶员疲劳监测系统等，它们已经应用在一些量产车型上。

第三节　智能传感器

一、超声波雷达

1. 超声波雷达的应用场景

超声波雷达在智能网联汽车的应用主要是泊车，智能泊车辅助系统一般需要12个超声波雷达，分别安装在前保险杠和后保险杠上。这些超声波雷达会发送信号，信号碰到车辆周边的障碍物时会反射回来，车上的计算机会利用其接收信号所需的时间来确定障碍物的位置，车辆根据接收到的信息，检测到周边车辆的位置、泊车位的大小及与路边的距离，然后将车辆驶入泊车位。基于超声波雷达的智能泊车辅助系统如图1-4所示。

(a) 垂直泊车　　　　　　　　　　　　(b) 平行泊车

图1-4　基于超声波雷达的智能泊车辅助系统

2. 超声波雷达的定义

超声波雷达也称超声波传感器，它是利用超声波的特性研制而成的传感器，是在超声波频率范围（大于20kHz）将交变的电信号转换成声信号或者将外界声场中的声信号转换为电信号的能量转换器件。超声波雷达有一个发射头和一个接收头，安装在同一面上。在有效的检测距离内，发射头发射特定频率的超声波，遇到检测面反射部分超声波；接收头接收回波信号，由芯片记录声波的往返时间，并计算出距离值。

3. 超声波雷达的特点

（1）超声波雷达的优点

① 频率相对固定，如汽车上用的超声波雷达频率主要有40kHz、48kHz和58kHz等，频率不同，探测的范围也不同。

② 结构简单，体积小，成本低，信息处理简单可靠，易于小型化与集成化，并且可以进行实时控制。

③ 灵敏度较高。

④ 抗环境干扰能力强，对天气变化不敏感。

⑤ 可在室内、黑暗条件下使用。

（2）超声波雷达的缺点

① 探测距离短，一般为3～5m，因此应用范围受到限制。但超声波雷达的测量距

离有增大的趋势，如特斯拉电动汽车使用的超声波雷达，探测距离已经达到8m。

②只适用于低速，在速度很高的情况下测量距离具有一定的局限性。

③超声波有一定的扩散角，只能测量距离，不能测量方位；必须在汽车的前、后保险杠不同方位上安装多个超声波雷达。

④对于低矮、圆锥、过细的障碍物或者沟坎，超声波雷达不容易探测到。

⑤超声波的发射信号和余振的信号都会对回波信号造成覆盖或者干扰，因此在小于某一距离后就会丧失探测功能，这就是普通超声波雷达的探测有盲区的原因之一，若在盲区内，则系统无法探测障碍物。因此，比较好的解决办法是在安装超声波雷达的同时安装摄像头。

4. 超声波雷达的技术参数

超声波雷达的技术参数主要有测量距离、测量精度、探测角度、工作频率以及工作温度等。

（1）测量距离　超声波雷达的测量距离取决于其使用的波长和频率，波长越长、频率越小则测量距离越大。测量汽车前后障碍物的短距超声波雷达测量距离一般为0.15～2.50m；安装在汽车侧面，用于测量侧方障碍物距离的长距超声波雷达测量距离一般为0.30～5.0m。

（2）测量精度　测量精度是指传感器测量值与真实值的偏差。超声波雷达测量精度主要受被测物体体积、表面形状以及表面材料等影响。被测物体体积过小、表面形状凹凸不平、物体材料吸收声波等情况都会降低超声波雷达的测量精度。测量精度越高，感知信息越可靠，测量精度要求在±10cm以内。

（3）探测角度　由于超声波雷达发射出去的超声波具有一定的指向性，波束的截面类似椭圆形，所以探测的范围有一定限度，探测角度分为水平视场角和垂直视场角。

水平视场角在Ⅰ类障碍物的条件下，以超声波雷达探头中心为基准，距离障碍物为70cm处，满足左右各55°±5°角的要求；在Ⅱ类障碍物的条件下，以超声波雷达探头中心为基准，距离障碍物为150cm处，满足左右各55°±5°角的要求。Ⅰ类障碍物是指长度为1m、直径为60mm的塑胶水管，Ⅱ类障碍物是指尺寸为10cm×10cm的方形平面纸板。

垂直视场角在Ⅰ类障碍物的条件下，以超声波雷达探头中心为基准，距离障碍物为70cm处，满足上下各30°±5°角的要求；在Ⅱ类障碍物的条件下，以超声波雷达探头中心为基准，距离障碍物为150cm处，满足上下各30°±5°角的要求。

（4）工作频率　工作频率直接影响超声波的扩散和吸收损失、障碍物反射损失以及背景噪声，并直接决定超声波雷达的尺寸。发射频率为（40±2）kHz的超声波雷达，方向性尖锐，且避开了噪声，提高了信噪比；虽然传播损失相对低频有所增加，但不会给发射和接收带来困难。

（5）工作温度　由于超声波雷达应用广泛，有的应用场景要求温度较高，有的应用场景要求温度较低，因此，超声波雷达必须满足工作温度的要求，其工作温度一般要求为-30～80℃。

5. 超声波雷达的产品

图1-5所示为博世公司第6代超声波雷达，它将反应时间提高了一倍，能够对近距

离物体实现检测，对突然出现的障碍物（如行人、变化的场景等）进行快速响应。

图1-5 博世公司的超声波雷达

博世公司的超声波雷达主要技术参数见表1-3。

表 1-3 博世公司的超声波雷达主要技术参数

项目	参数
最小测量距离	0.15m
最大测量距离	5.5m
目标分辨率	3 ~ 15cm
水平视场角	±70°
垂直视场角	±35°
尺寸	44mm×26mm
质量	14g
工作温度	-40 ~ 85℃
电流消耗	7mA
防护安全等级	IP64k

二、毫米波雷达

1. 毫米波雷达的应用场景

毫米波雷达在智能网联汽车上的应用主要是测量交通参与者（如前方车辆和行人、后方车辆和行人）的距离、速度和角度，为先进驾驶辅助系统提供环境感知信息，如前向碰撞预警系统、盲区监测系统、自动紧急制动系统以及自适应巡航控制系统等。自适应巡航控制系统在车辆正常行驶下，使行驶速度适应前方车辆，并检测前方的障碍物，通过安装在前保险杠下或车标背后的长距离毫米波雷达扫描车辆前方道路，当与前方车辆之间的距离过小时，自适应巡航控制系统通过与制动防抱死系统、发动机控制系统协调动作，使车轮适当制动，并使发动机的输出功率下降，以使车辆与前方车辆始终保持安全距离。基于毫米波雷达的自适应巡航控制系统如图 1-6 所示。

图1-6 基于毫米波雷达的自适应巡航控制系统

2. 毫米波雷达的定义

毫米波雷达是工作在毫米波频段的雷达，它通过发射与接收高频电磁波来探测目标，后端信号处理模块利用回波信号计算出目标的距离、速度和角度等信息。

3. 毫米波雷达的特点

（1）毫米波雷达的优点

① 探测距离远，可达200m以上。

② 探测性能好，其探测不受颜色与温度的影响。

③ 毫米波的传播速度与光速一样，并且调制简单，配合高速信号处理系统，可以快速地测量出目标的距离、速度和角度等信息。

④ 毫米波具有很强的穿透能力，在雨、雪及大雾等恶劣天气依然可以正常工作。

⑤ 毫米波雷达一般在高频段工作，而周围的噪声和干扰处于中低频段，基本上不会影响毫米波雷达的正常运行，因此，毫米波雷达具有抗低频干扰的特性。

（2）毫米波雷达的缺点

① 毫米波雷达是利用目标对电磁波的反射来发现并测定目标位置，而充满杂波的外部环境经常给毫米波雷达感知带来虚警问题。

② 覆盖区域呈扇形，有盲点区域。

③ 无法识别交通标志和交通信号灯。

④ 无法识别道路标线。

4. 毫米波雷达的技术参数

毫米波雷达有以下主要技术参数。

（1）最大探测距离　最大探测距离是指毫米波雷达所能检测目标的最大距离，不同的毫米波雷达，最大探测距离是不同的。

（2）距离分辨率　距离分辨率是指在规定条件下，毫米波雷达能区分前后临近的两个目标的最小距离间隔。

（3）距离灵敏度　距离灵敏度是指单目标的距离变化时，毫米波雷达可探测的最小绝对变化距离值。

（4）距离测量精度　距离测量精度是指毫米波雷达测量单目标时，目标距离的测量值与其真实值之差。

（5）最大探测速度　最大探测速度是指毫米波雷达能够探测目标的最大速度。

（6）速度分辨率　速度分辨率表示区分两个不同速度目标的能力。

（7）**速度灵敏度** 速度灵敏度是指单目标的速度变化时，毫米波雷达可探测的最小绝对变化速度值。

（8）**速度测量精度** 速度测量精度是指毫米波雷达测量单目标时，目标速度的测量值与其真实值之差。

（9）**视场角** 视场角是指在规定的测试条件下，在满足规定识别率的状态下，毫米波雷达能有效识别目标的探测范围，分为水平视场角和垂直视场角。

（10）**角度分辨率** 角度分辨率是指在规定条件下，毫米波雷达能区分左右临近的两个目标的最小角度间隔。

（11）**角度灵敏度** 角度灵敏度是指单目标的角度变化时，毫米波雷达可探测的最小绝对变化角度值。

（12）**角度测量精度** 角度测量精度是指毫米波雷达测量单目标时，目标角度的测量值与其真实值之差。

（13）**识别率** 识别率是指毫米波雷达正确识别目标信息的程度。

（14）**误检率** 误检率是指毫米波雷达将目标识别为一个错误目标的比例。

（15）**漏检率** 漏检率是指毫米波雷达未能识别目标的比例。

5. 毫米波雷达的类型

毫米波雷达的类型可按探测距离和毫米波频段划分。

（1）**按探测距离划分** 毫米波雷达按探测距离可划分为近距离毫米波雷达、中距离毫米波雷达和远距离毫米波雷达。近距离毫米波雷达一般探测距离小于60m，中距离毫米波雷达一般探测距离为100m左右，远距离毫米波雷达探测距离一般大于200m。有的企业只划分为近距离毫米波雷达和远距离毫米波雷达，具体探测距离以产品说明书为准。

（2）**按毫米波频段划分** 毫米波雷达按毫米波频段可划分为24GHz、60GHz、77GHz以及79GHz毫米波雷达。常用频段为24GHz和77GHz，其中24GHz适合近距离探测，77GHz适合中、远距离探测，如图1-7所示。从24GHz过渡到77GHz，距离分辨率和精度将会提高约20倍（如24GHz毫米波雷达的距离分辨率为75cm，而77GHz毫米波雷达则提高到4cm），这使其可以更好地探测多个彼此靠近的目标。

77GHz：中、远距离探测

24GHz：近距离探测

图1-7 毫米波雷达的类型

6. 毫米波雷达的产品

（1）**大陆公司的毫米波雷达** 德国大陆公司的毫米波雷达系列产品如图1-8所示。

(a) 毫米波成像雷达　(b) 77GHz远距离雷达　(c) 77GHz远距离雷达
　　ARS 430　　　　　　ARS 408-21SC3　　　　　ARS 404

(d) 77GHz远距离雷达　(e) 24GHz宽角雷达　(f) 24GHz宽角雷达
　　ARS 308　　　　　　　SRR 308　　　　　　　SRR 208

图1-8　德国大陆公司的毫米波雷达系列产品

① 毫米波成像雷达 ARS 430 属于 77GHz 远距离毫米波雷达，最大探测距离达到 250m，适用于自适应巡航控制系统、自动紧急制动系统、前向碰撞预警系统以及行人碰撞预警系统等先进驾驶辅助系统。

② 77GHz 远距离雷达 ARS 408-21SC3 的最大探测距离达到 250m，适用于自适应巡航控制系统、自动紧急制动系统以及前向碰撞预警系统等先进驾驶辅助系统。

③ 77GHz 远距离雷达 ARS 404 的最大探测距离为 170m，适用于自适应巡航控制系统、自动紧急制动系统以及前向碰撞预警系统等先进驾驶辅助系统。

④ 77GHz 远距离雷达 ARS 308 的最大探测距离为 200m，适用于自适应巡航控制系统、自动紧急制动系统以及前向碰撞预警系统等先进驾驶辅助系统。

⑤ 24GHz 宽角雷达 SRR 308 的最大探测距离为 90m，视场角从 -75°～ 75° 到 -90°～ 90°，适用于盲区监测系统和变道辅助系统等先进驾驶辅助系统。

⑥ 24GHz 宽角雷达 SRR 208 的最大探测距离为 50m，视场角从 -20°～ 20° 到 -75°～ 75°，适用于盲区监测系统和变道辅助系统等先进驾驶辅助系统。

（2）森思泰克公司的毫米波雷达系列产品　森思泰克公司的毫米波雷达系列产品有 24GHz 毫米波雷达和 77GHz 毫米波雷达，如图 1-9 所示。

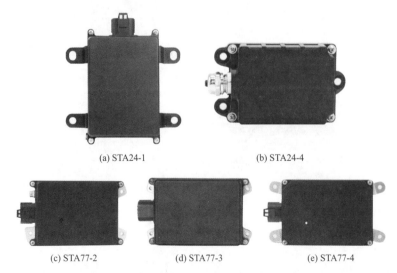

(a) STA24-1　　　　　　　　(b) STA24-4

(c) STA77-2　　　　(d) STA77-3　　　　(e) STA77-4

图1-9　森思泰克公司的毫米波雷达系列产品

① 24GHz 毫米波雷达属于中短距离毫米波雷达，其中 STA24-1 毫米波雷达可用于车辆侧后方的盲区监测系统与变道辅助系统，在车辆行驶过程中，STA24-1 毫米波雷达不仅可以对车辆左右两侧的近距离盲区进行探测，同时还可以对两侧后方 70m 内试图超越本车的车辆进行探测，当有危险车辆出现时，STA24-1 毫米波雷达会在后视镜对驾驶员进行声光提示，从而避免因并线而发生的事故；STA24-4 毫米波雷达可用于车辆侧后方的盲区监测预警系统，当有危险车辆出现时，STA24-4 毫米波雷达会在后视镜对驾驶员进行声光提示，从而避免因并线发生事故。

② 77GHz 毫米波雷达可以准确测量范围内目标车辆的距离、速度及角度等信息，同时具有三维度的分辨能力。STA77-2 和 STA77-4 前向毫米波雷达利用数字波束形成技术，在提高前方波束照射范围的同时，能够判别前方多个目标车辆，可提供准确、实时的路况信息，保障前方道路安全，适用于车辆的前向碰撞预警系统等；STA77-3 前向毫米波雷达可准确测量前方 180m 范围内目标车辆的距离、速度及角度等信息，可提供前方道路安全、准确、实时的路况信息，适用于车辆的自动紧急制动系统或前向碰撞预警系统等。

智能网联汽车先进驾驶辅助系统应用的毫米波雷达见表 1-4。

表 1-4　智能网联汽车先进驾驶辅助系统应用的毫米波雷达

毫米波雷达的类型		近距离毫米波雷达	中距离毫米波雷达	远距离毫米波雷达
工作频段		24GHz	77GHz	77GHz
探测距离		小于 60m	100m 左右	大于 200m
功能	自适应巡航控制系统	—	前方	前方
	前向碰撞预警系统	—	前方	前方
	自动紧急制动系统	—	前方	前方
	盲区监测系统	侧方	侧方	—
	智能泊车辅助系统	前方、后方	侧方	—
	变道辅助系统	后方	后方	—
	后向碰撞预警系统	后方	后方	—
	车门开启预警系统	侧方	—	—

为了满足不同距离范围的探测需要，一辆汽车上会安装多个近距离、中距离和远距离毫米波雷达。其中 24GHz 毫米波雷达主要实现近距离目标的探测，77GHz 毫米波雷达主要实现中距离和远距离目标的探测。不同的毫米波雷达在车辆前方、侧方和后方发挥的作用不同。

目前多以 24GHz 和 77GHz 毫米波雷达产品为主，由于 77GHz 频段的部件体积小，天线尺寸短，容易实现单芯片集成结构，具备更高的速度分辨率，具备更高的信噪比，具备更高的输出功率以及有利于减少成本，因此未来全球车载毫米波雷达的频段将选择 76 ～ 81GHz 频段。

三、激光雷达

1. 激光雷达的应用场景

激光雷达是无人驾驶汽车必备的传感器，也是目前制约无人驾驶汽车发展的关键部件。无人驾驶汽车行驶必备的条件之一是精准定位和高精度感知周围环境。激光雷达利用扫描出来的点云数据绘制高精度地图，达到实时路况及移动物体的高精度感知，并进行精准定位，确定可行驶空间，保障无人驾驶汽车安全行驶。图 1-10 所示为安装激光雷达的百度阿波罗无人驾驶汽车。

图 1-10　安装激光雷达的百度阿波罗无人驾驶汽车

2. 激光雷达的定义

激光雷达是激光探测及测距系统的简称，是一种以激光器作为发射光源，采用光电探测技术手段的主动遥感设备。激光雷达是工作在光波频段的雷达，它利用光波频段的电磁波先向目标发射探测信号，然后将其接收到的同波信号与发射信号相比较，从而获得目标的位置（距离、方位和高度）、运动状态（速度、姿态）等信息，实现对目标的探测、跟踪和识别。

3. 激光雷达的特点

（1）激光雷达的优点

① 激光雷达可以获得较高的角度、距离和速度分辨率。通常激光雷达的角度分辨率不低于 0.1mard（mard 为光轴稳定度单位，1mard 表示 100m 处的 10cm），也就是说可以分辨 3km 距离上相距 0.3m 的两个目标，并可同时跟踪多个目标；距离分辨率可达 0.1m；速度分辨率可达 10m/s 以内。

② 车载激光雷达探测距离可达 300m 以上，探测范围广。

③ 激光雷达可直接获取探测目标的距离、角度、反射强度及速度等信息，生成目标多维度图像，信息量丰富。

④ 激光主动探测，不依赖于外界光照条件或目标本身的辐射特性，可全天候工作，它只需发射自己的激光束，通过探测发射激光束的回波信号来获取目标信息。

（2）激光雷达的缺点

① 与毫米波雷达相比，产品体积大，成本高。

② 不易识别交通标志和交通信号灯。

4. 激光雷达的技术参数

激光雷达的技术参数主要有最大探测距离、距离分辨率、测距精度、测量帧频、数据采样率、视场角、角度分辨率以及波长等。

（1）最大探测距离 最大探测距离是指激光雷达能够探测的最大距离，最大探测距离通常需要标注基于某一个反射率下的测量值，如白色物体反射率约70%，黑色物体反射率为7% ～ 20%。

（2）距离分辨率 距离分辨率是指两个目标物体可区分的最小距离。

（3）测距精度 测距精度是指对同一目标进行重复测量时得到的距离值之间的误差范围。

（4）测量帧频 测量帧频与摄像头的帧频概念相同，激光雷达成像刷新帧频会影响激光雷达的响应速度，刷新帧频越高，响应速度越快。

（5）数据采样率 数据采样率是指每秒输出的数据点数，等于帧频乘以单幅图像的点云数目。通常数据采样率会影响成像的分辨率，特别是在远距离时，点云越密集，目标呈现就越精细。

（6）视场角 视场角又分为垂直视场角和水平视场角，是激光雷达的成像范围。

（7）角度分辨率 角度分辨率是指扫描的角度分辨率，等于视场角除以该方向所采集的点云数目，因此该参数与数据采样率直接相关。

（8）波长 波长是指激光雷达所采用的激光波长，波长会影响激光雷达的环境适应性和对人眼的安全性。

5. 激光雷达的类型

激光雷达的类型可按有无机械旋转部件和线束数量的多少划分。

（1）按有无机械旋转部件划分 激光雷达按有无机械旋转部件可划分为机械激光雷达、固态激光雷达和混合固态激光雷达。

① 机械激光雷达带有控制激光发射角度的旋转部件，体积较大，价格昂贵，测量精度相对较高，一般置于汽车顶部。图1-11所示为激光雷达厂商威力登（Velodyne）的HDL-64E机械激光雷达，它采用64线束激光规格，性能出众，能够描绘出周围空间的3D形态，精度极高，甚至能够探测出百米内人类的细微动作。

图1-11 HDL-64E
机械激光雷达

② 固态激光雷达依靠电子部件来控制激光发射角度，无须机械旋转部件，故尺寸较小，可安装于车体内。

图1-12所示为国内某公司生成的固态激光雷达，最大探测距离为150m，水平视场角为 -60°～ 60°，垂直视场角为 -12.5°～ 12.5°，视场角分辨率为 0.2°，尺寸为 120mm×110mm×50mm，质量为 0.8kg，可用于障碍物检测、障碍物识别分类、动态目标跟踪和可行驶区域检测。

为了降低激光雷达的成本，也为了提高可靠性，满足车规的要求，激光雷达的发展方向是从机械激光雷达转向固态激光雷达。

③ 混合固态激光雷达没有大体积旋转结构，采用固定激光光源，通过内部旋转玻璃片改变激光光束方向，实现多角度检测，并且采用嵌入式安装。图1-13所示为国内

某公司生产的混合固态激光雷达。

图1-12 固态激光雷达

图1-13 混合固态激光雷达

（**2**）**按线束数量的多少划分** 激光雷达按线束数量的多少可划分为单线束激光雷达与多线束激光雷达。

① 单线束激光雷达扫描一次只产生一条扫描线，所获得的数据为 2D 数据，因此无法区别有关目标物体的 3D 信息。由于单线束激光雷达具有测量速度快、数据处理量少等特点，被广泛应用于安全防护、地形测绘等领域。

② 多线束激光雷达扫描一次可产生多条扫描线，目前市场上多线束激光雷达产品主要包括 4 线束、8 线束、16 线束、32 线束、40 线束、64 线束和 128 线束等，再细分可分为 2.5D 激光雷达和 3D 激光雷达。2.5D 激光雷达和 3D 激光雷达最大的区别在于激光雷达垂直视野的范围，2.5D 激光雷达的垂直视野范围一般不超过 10°，3D 激光雷达的垂直视野范围可达到 30°，甚至 40° 以上，这也就导致两者在汽车上的安装位置要求有所不同。

图 1-14 所示为 40 线束激光雷达，激光雷达外壳内有 40 对固定安装在转子上的激光发射器和激光接收器，通过电机旋转进行水平 360° 的扫描；该激光雷达探测距离为 0.3 ~ 200m，水平视场角为 360°，垂直视场角为 -16°~ 7°，线束 1 ~ 6 相邻两条线之间的垂直角分辨率为 1°，线束 6 ~ 30 相邻两条线之间的垂直角分辨率为 0.33°，线束 30 ~ 40 相邻两条线之间的垂直角分辨率为 1°。

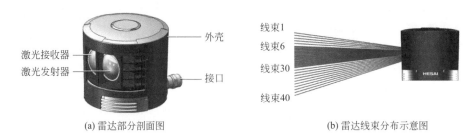

(a) 雷达部分剖面图　　　　　　　　　　　(b) 雷达线束分布示意图

图 1-14 40 线束激光雷达

6. 激光雷达的产品

（**1**）**威力登激光雷达** 威力登激光雷达的系列产品如图 1-15 所示。

① **VLP-16** 激光雷达具有实时收发数据、360° 全覆盖、3D 距离测量以及校准反射测量等功能，它拥有 16 个通道，并且可以在 360° 水平视场角和 30° 垂直视场角（-15°~ 15°）中每秒产生多达 30 万个三维点云数据；它没有可见的旋转部件，可以高

度灵活地适应要求严苛的环境。

(a) VLP-16   (b) VLP-32C   (c) HDL-64E

图 1-15　威力登激光雷达的系列产品

② **VLP-32C** 激光雷达保留了三维激光雷达的优势，如 360°环绕视场角和实时三维数据测量，数据包括距离、反射率以及角度等；它具有 200m 的有效测量范围和双回波模式，功耗大约为 12W，可以捕获更详细的三维点云数据；它拥有 32 个通道，并且可以在 360°水平视场角和 40°垂直视场角（−25°～ 15°）中每秒产生多达 120 万个三维点云数据；它在水平角度附近拥有更密集的脉冲信号，能在更远的距离内得到更高的分辨率，能更准确、更详细地识别物体；它没有可见的旋转部件，允许在 −10 ～ 40℃环境温度范围内和恶劣天气条件下运行。

③ **HDL-64E** 激光雷达拥有 360°水平视场角、26.8°垂直视场角、5 ～ 15Hz 可选帧频以及每秒 220 万个三维点云数据等特点，能提高客户所需的距离坐标数据和环境信息。此产品优点在于高速数据传输率、高稳定性、高精度以及 100Mbit/s 的以太网链接，它使用 64 个固定激光来测量周围环境，每一个都机械地安装在一个垂直角度，并随着整体旋转，从而大大提高了产品的可靠性、视场角和点云密度。

（2）速腾聚创激光雷达　速腾聚创激光雷达的系列产品如图 1-16 所示。

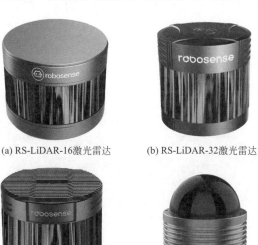

(a) RS-LiDAR-16激光雷达   (b) RS-LiDAR-32激光雷达

(c) RS-Ruby激光雷达   (d) RS-Bpearl激光雷达

图 1-16　速腾聚创激光雷达的系列产品

① **RS-LiDAR-16** 激光雷达是速腾聚创公司规模量产的 16 线激光雷达，内置 16 组激光元器件，同时发射并接收高频率激光束，通过 360°旋转，进行实时 3D 成像，能提供精确的三维空间点云数据及物体反射率，让机器获得可靠的环境信息，能为定位、导航及避障等提供有力保障。

② **RS-LiDAR-32** 激光雷达是速腾聚创公司量产的 32 线混合固态激光雷达产品，是专为满足高速自动驾驶需求而设计的小型激光雷达，产品采用了中间密两边疏的激光头布局设计。

③ **RS-Ruby** 激光雷达是一款面向 4 级自动驾驶的 128 线激光雷达，与 RS-LiDAR-32 相比，垂直分辨率是其 3 倍以上，达到 0.1°，探测距离提高 2～3 倍，充分满足高速自动驾驶的需求。

④ **RS-Bpearl** 激光雷达是专门为扫除盲区设计的新型近距离激光雷达，能够探测数厘米之内的物体，加上 360°×90°超广视场角，能有效扫除车身周围盲区。

少线束激光雷达主要用于智能网联汽车 ADAS，奥迪 A8L 安装的 4 线束激光雷达如图 1-17 所示，可实现自适应巡航控制系统、车道偏离预警系统、自动紧急制动系统以及交通拥堵辅助系统等。

(a) 激光雷达外形   (b) 激光雷达内部

图 1-17　奥迪 A8L 安装的 4 线束激光雷达

多线束激光雷达具有高精度电子地图和定位、障碍物识别、可通行空间检测以及障碍物轨迹预测等功能。

4 级和 5 级的智能网联汽车必须使用多线束激光雷达，向 360°范围内发射激光，从而达到 360°扫描并获取车辆周围行驶区域的三维点云，通过比较连续感知的点云、物体的差异来检测其运动，由此创建一定范围内的三维地图，如图 1-18 所示。

图 1-18　激光雷达获取车辆周围的三维点云图

无人驾驶汽车的精准定位和路径跟踪必须依靠激光雷达和高精度地图等，如图 1-19 所示。

图 1-19　利用激光雷达进行精准定位和路径跟踪

四、视觉传感器

1. 视觉传感器的应用场景

智能网联汽车或无人驾驶汽车在高速公路行驶时，有时车辆会偏离行驶车道，如果不及时纠正，就会发生危险。车道偏离预警系统比较道路标线与车辆在车道中的位置，道路标线的检测主要依靠视觉传感器。当车速达到设定车速时，一旦系统探测到驾驶员存在无意识偏离行车道的危险，系统便会发出视觉信号、听觉信号或触觉信号，如转向盘的振动，如图 1-20 所示。这些警告提示驾驶员，车辆正在偏离车道，使驾驶员有足够的时间纠正方向，从而避开危险。当驾驶员打转向灯有意变换车道或转向时，该功能不会发出警告。

图 1-20　基于视觉传感器的车道偏离预警系统

2. 视觉传感器的定义

视觉传感器是指通过对摄像头拍摄到的图像进行图像处理，对目标进行检测，并输出数据和判断结果的传感器。视觉传感器在智能网联汽车或无人驾驶汽车上的应用是以摄像头（机）的形式出现，并搭载先进的人工智能算法，使其便于目标检测和图像处理。

3. 视觉传感器的特点

视觉传感器具有以下特点。

① 视觉图像的信息量极为丰富，尤其是彩色图像，不仅包含有视野内目标的距离信息，还包括该目标的颜色、纹理、深度和形状等信息。

② 在视野范围内可同时实现车道线检测、车辆检测、行人检测、交通标志检测以及交通信号灯检测等，信息获取量大。当多辆智能网联汽车同时工作时，不会出现相互干扰的现象。

③ 视觉 SLAM，通过摄像头可以实现同时定位和建图。

④ 视觉信息获取的是实时的场景图像，所提供的信息不依赖于先验知识，具有较强的适应环境能力。

⑤ 视觉传感器与机器学习、深度学习等人工智能相融合，可以获得更佳的检测效果，将扩大视觉传感器在智能网联汽车和无人驾驶汽车上的应用范围。

视觉传感器的发展趋势是探测距离越来越远，结合深度学习且识别能力越来越强。视觉传感器的最大探测距离可达到 200～300m 甚至更远，像素可达到 200 万～800 万甚至更高，性能与远距离毫米波雷达差距大幅缩小，同时具备成本和图像识别等方面的优势。

4. 视觉传感器的技术参数

视觉传感器的技术参数有图像传感器的技术参数、相机的内部参数和相机的外部参数。

（1）图像传感器的技术参数　图像传感器的技术参数主要有像素、帧率、靶面尺寸、感光度以及信噪比等。

① 像素是图像传感器的感光最小单位，即构成影像的最小单位。一帧影像画面是由许多密集的亮暗、色彩不同的点所组成，这些小点称为像素。像素的多少是由图像传感器上的光敏元件数目所决定的，一个光敏元件就对应一个像素。因此像素越大，意味着光敏元件越多，相应的成本就越高。像素用两个数字来表示，如 720×480，720表示在图像长度方向上所含的像素点数，480 表示在图像宽度方向上所含的像素点数，二者的乘积就是该相机的像素点数。

② 帧率代表单位时间所记录或播放的图片的数量，连续播放一系列图片就会产生动画效果，根据人的视觉系统特点，当图片的播放速度大于 15 幅 /s 的时候，人眼就基本看不出来图片的跳跃；在达到 24～30 幅 /s 时就已经基本觉察不到闪烁现象。每秒的帧数或说帧率表示图像传感器在处理图片时每秒能够更新的次数。高的帧率可以得到更流畅、更逼真的视觉体验。

③ 靶面尺寸也就是图像传感器感光部分的大小。一般用 in（英寸，1in=2.54cm）来表示，通常这个数据指的是这个图像传感器的对角线长度，如常见的有 1/3in。靶面越大，意味着通光量越好，而靶面越小则比较容易获得更大的景深，如 1/2in 可以有比较大的通光量，而 1/4in 可以比较容易获得较大的景深。

④ 感光度代表通过图像传感器以及相关的电子线路感应入射光线的强弱。感光度

越高，感光面对光的敏感度就越强，快门速度就越高，这在拍摄运动车辆、夜间监控的时候显得尤其重要。

⑤ 信噪比指的是信号电压对于噪声电压的比值。一般摄像头给出的信噪比值均是自动增益控制关闭时的值，因为当自动增益控制接通时，会对小信号进行提升，使得噪声电平也相应提高。信噪比的典型值为 45 ~ 55dB，若为 50dB，则图像有少量噪声，但图像质量良好；若为 60dB，则图像质量优良，不出现噪声。信噪比越大说明对噪声的控制越好。

（2）相机的内部参数　相机的内部参数是与相机自身特性相关的参数，主要有焦距、光学中心、图像尺寸以及畸变系数等。

① 焦距是指摄像头的光学中心到图像传感器的距离，如图 1-21 所示。焦距单位一般为 mm，例如 18 ~ 135mm，代表着焦距可以从 18mm 到 135mm 进行变化，说明该摄像头的焦距是可变的；而 50mm，代表摄像头的焦距只有 50mm，说明该摄像头的焦距是不可变的。

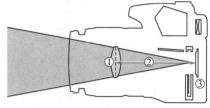

图 1-21　相机的焦距
①—光学中心；②—焦距；③—图像传感器

摄像头的焦距与水平视场角、影像大小密切相关。焦距越小，光学中心就越靠近图像传感器，水平视场角越大，拍摄到的影像越大；焦距越大，光学中心就越远离图像传感器，水平视场角越小，拍摄到的影像越小。

② 相机的镜头是由多个镜片构成的复杂光学系统，光学系统的功能等价于一个薄透镜，但实际上薄透镜是不存在的。光学中心是这一等价透镜的中心，如图 1-22 所示。不同结构的镜头，其光学中心位置也不一样，大部分在镜头内的某一位置，但也有在镜头前方或镜头后方的。

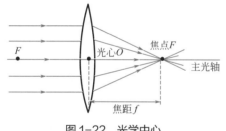

图 1-22　光学中心

③ 图像尺寸是指构成图像的长度和宽度，可以用像素为单位，也可以用 cm 为单位。图像尺寸与分辨率有关。分辨率是指单位长度中所表达或截取的像素数目，即表示每英寸图像内的像素点数，单位是像素每英寸。图像分辨率越高，像素的点密度越高，图像越清晰。

④ 畸变系数分为径向畸变系数和切向畸变系数。径向畸变发生在相机坐标系转向物理坐标系的过程中，切向畸变产生的原因是透镜不完全平行于图像。

径向畸变就是沿着透镜半径方向分布的畸变，产生原因是光线在透镜中心的地方比靠近中心的地方更加弯曲，这种畸变在普通廉价的镜头中表现得更加明显，径向畸变主要包括枕形畸变和桶形畸变两种，如图 1-23 所示。

切向畸变产生的图像如图 1-24 所示。

（3）相机的外部参数　相机的外部参数是指相机的安装位置，即相机离地高度以及相机相对于车辆坐标系的旋转角度。

① 相机离地高度是指从地面到相机焦点的垂直高度，如图 1-25 所示。

(a) 正常图像　　　　　(b) 枕形畸变　　　　　(c) 桶形畸变

图 1-23　径向畸变

图 1-24　切向畸变

图 1-25　相机离地高度

② 相机相对于车辆坐标系的旋转角度有俯仰角、偏航角和横滚角。

俯仰运动（Pitch）是指相机绕车辆坐标系 Y_v 轴的转动，偏航运动（Yaw）是指相机绕车辆坐标系 Z_v 轴的转动，横滚运动（Roll）是指相机绕车辆坐标系 X_v 轴的转动，如图 1-26 所示。

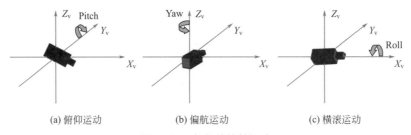

(a) 俯仰运动　　　　　(b) 偏航运动　　　　　(c) 横滚运动

图 1-26　相机的旋转运动

相机的外部参数可以通过棋盘格标定获得，但要注意标准镜头和鱼眼镜头的差别。

5. 视觉传感器的类型

根据镜头和布置方式的不同一般分为单目摄像头、双目摄像头、三目摄像头和环视摄像头。

（1）单目摄像头　单目摄像头如图 1-27 所示，一般安装在前风挡玻璃上部，用于探测车辆前方环境，识别道路、车辆、行人等，先通过图像匹配进行目标识别（各种车型、行人、物体等），再通过目标在图像中的大小去估算目标距离。单目摄像头的优点是成本低廉，能够识别具体障碍物的种类，识别准确；缺点是由于其识别原理导致其无法识别没有明显轮廓的障碍物，工作准确率与外部光线条件有关，并且受限于数据库，没有自主学习功能。

（2）双目摄像头　图 1-28 所示是博世公司生产的双目摄像头，两个摄像头之间距离为 12cm，像素数为 1080×960，水平视场角为 45°，垂直视场角为 25°，最大探测距离为 50m, 不仅可以用于自动紧急制动系统, 也可以用于车道偏离预警系统和交通标志识别系统等。相比于单目摄像头, 双目摄像头没有识别率的限制, 无须先识别, 可直接进行测量; 直接利用视差计算距离, 精度更高; 无须维护样本数据库。

图1-27　单目摄像头

图1-28　博世公司生产的双目摄像头

（3）**三目摄像头**　图1-29所示为特斯拉电动汽车安装在风挡玻璃下方的三目摄像头, 增加深度学习功能, 可识别障碍物位置、可行空间、车辆形状、行人、交通标志、交通信号灯等, 车辆周围的感知能力提升了6倍。三目摄像头的感知范围由远及近, 分别为前视窄视野摄像头, 最远感知距离为250m; 前视主视野摄像头, 最远感知距离为150m; 前视宽视野摄像头, 最远感知距离为60m。三目摄像头需要同时标定三个摄像头, 因而工作量更大一些; 其次软件部分需要关联三个摄像头的数据, 对算法要求也很高。

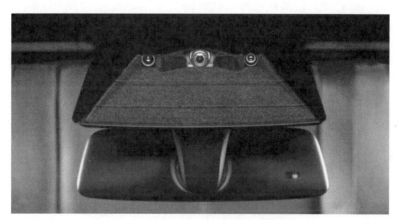

图1-29　特斯拉电动汽车使用的三目摄像头

（4）**环视摄像头**　环视摄像头一般至少包括4个鱼眼摄像头, 而且安装位置是朝向地面的, 能够实现360°环境感知。环视摄像头的感知范围并不大, 主要用于车身5～10m内的障碍物检测、自主泊车时的库位线识别等。鱼眼摄像头为了获取足够大的视野, 代价是图像的畸变严重。

图1-30　博世公司的摄像头 MPC2

6. 视觉传感器的产品

虽然视觉传感器在智能网联汽车上的应用前途广泛, 但公开资料非常少, 特别是技术参数。

图1-30所示为博世公司的摄像头MPC2, 其主要参数见表1-5。

表 1-5　博世公司的摄像头 MPC2 主要参数

项目	参数
图像分辨率	1280×960 像素
最大探测距离	＞ 120m
水平视场角	50°
垂直视场角	28°
分辨率	25 像素 /°
帧率	30 帧 /s
波长	400 ～ 750nm
工作温度	-40 ～ 85℃

　　博世公司的摄像头可用于行人警告系统、前向碰撞预警系统、车道偏离预警系统、车道保持辅助系统以及交通标志识别系统等。

　　视觉传感器具有车道线检测、障碍物检测、交通标志和地面标志识别、交通信号灯识别以及可通行空间检测等功能。

　　（1）车道线检测　车道线是视觉传感器能够感知的最基本的信息，拥有车道线检测功能，即可实现高速公路的车道保持功能。

　　（2）障碍物检测　障碍物种类很多，如汽车、行人、自行车和动物等，有了障碍物信息，无人驾驶汽车即可完成车道内的跟车行驶。

　　（3）交通标志和地面标志识别　交通标志和地面标志是在道路特征与高精度地图做匹配后，用来辅助定位的，也可以基于这些感知结果进行地图的更新。

　　（4）交通信号灯识别　交通信号灯状态的感知能力对于城区行驶的无人驾驶汽车十分重要。

　　（5）可通行空间检测　可通行空间表示无人驾驶汽车可以正常行驶的区域。

　　视觉传感器在智能网联汽车上的应用见表 1-6。

表 1-6　视觉传感器在智能网联汽车上的应用

ADAS 名称	使用的摄像头	具体功能介绍
车道偏离预警系统	前视	当前视摄像头检测到车辆即将偏离车道线时发出警报
车道保持辅助系统	前视	当前视摄像头检测到车辆即将偏离车道线时发出指示纠正行驶方向
前向碰撞预警系统	前视	当前视摄像头检测到与前车距离小于安全车距时发出警报
盲区监测系统	侧视	利用侧视摄像头识别到盲区内的其他道路使用者时发出提示或预警信息
行人碰撞预警系统	前视	当前视摄像头检测到车辆前方的行人可能与车辆发生碰撞时发出警报
交通标志识别系统	前视、侧视	利用前视、侧视摄像头识别前方和两侧的交通标志

ADAS 名称	使用的摄像头	具体功能介绍
全景泊车系统	前视、侧视、后视	利用图像拼接技术将摄像头采集的影像组成周边的全景图
驾驶员疲劳监测系统	内置	利用内置摄像头检测驾驶员是否疲劳、闭眼等
交通信号灯识别系统	前视	利用前视摄像头识别前方的交通信号灯

随着人工智能的机器学习、深度学习等在图像处理算法中的应用，视觉传感器的功能会越来越强大，在智能网联汽车上的应用将更加深入。

超声波雷达、毫米波雷达、激光雷达和视觉传感器作为智能网联汽车的智能传感器，对于它们的选择需要综合考虑其性能特点和性价比。智能传感器的比较见表 1-7。

表 1-7 智能传感器的比较

性能	传感器类型			
	超声波雷达	毫米波雷达	激光雷达	视觉传感器
远距离探测能力	弱	强	强	较强
探测角度	120°	10°～70°	15°～360°	30°
在夜间环境下的性能	强	强	强	弱
在全天候下的性能	弱	强	强	弱
在不良天气环境下的性能	一般	强	弱	弱
温度稳定性	较强	强	强	强
车速测量能力	一般	弱	强	弱
标志识别能力	×	×	×	√
主要应用	智能泊车辅助系统	自适应巡航控制系统、自动紧急制动系统、前向碰撞预警系统等	实时建立车辆周边环境的高精度地图，实现精准定位	车道偏离预警系统、车道保持辅助系统、盲区监测系统、交通标志识别系统、交通信号灯识别系统、全景泊车系统等
成本	低	适中	高	适中

第四节 目标识别技术

一、道路识别技术

1. 道路识别的定义

道路识别就是通过视觉传感器识别出车道线，提供车辆在当前车道中的位置，帮助智能网联汽车提高行驶的安全性；或者通过激光雷达把真实的道路转换成无人驾驶汽车认识的道路，供无人驾驶汽车安全行驶。

图 1-31 所示为基于视觉传感器的车道线识别，图 1-32 所示为基于激光雷达的道路识别。

图 1-31　基于视觉传感器的车道线识别

图 1-32　基于激光雷达的道路识别

2. 道路识别的分类

道路识别的分类可依据道路类型划分和根据所用传感器划分。

（1）依据道路类型划分　依据道路类型的不同，道路识别划分为结构化道路识别和非结构化道路识别。

① 结构化道路具有明显的车道标识线或边界，几何特征明显，车道宽度基本上保持不变，如城市道路、高速公路。结构化道路识别一般依据车道线的边界或车道线的灰度与车道明显不同实现识别。结构化道路识别的方法对道路模型有较强的依赖性，且对噪声、阴影及遮挡等环境变化敏感，但是结构化道路识别技术比较成熟。

② 非结构化道路相对比较复杂，一般没有车道线和清晰的道路边界，道路形状不规则，光照、景物及天气多变，如乡村道路、越野道路。多变的道路类型，复杂的环境背景，以及阴影与变化的天气等，都是非结构化道路识别所面临的困难。道路区域和非道路区域更是难以区分，所以非结构化道路识别是无人驾驶汽车的难点。非结构化道路识别主要依据道路的颜色或纹理进行检测。

（2）根据所用传感器划分　根据所用传感器的不同，道路识别划分为基于视觉传感器的道路识别和基于激光雷达的道路识别。

① 基于视觉传感器的道路识别就是通过视觉传感器采集道路图像，并通过算法处理道路图像，识别出车道线。

② 基于激光雷达的道路识别就是通过激光雷达采集道路信息，并通过点云处理，识别出可行驶道路空间。

智能网联汽车先进驾驶辅助系统的车道线识别主要是使用视觉传感器。

3. 道路识别的流程

基于视觉传感器的道路识别流程主要是"图像采集→图像灰度化→图像滤波→图像二值化→车道线提取"，如图 1-33 所示。

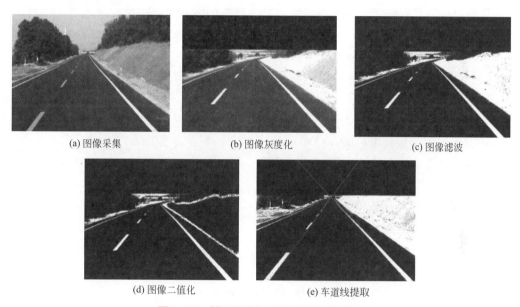

(a) 图像采集　　　　　　　(b) 图像灰度化　　　　　　　(c) 图像滤波

(d) 图像二值化　　　　　　(e) 车道线提取

图 1-33　基于视觉传感器的道路识别流程

（1）**图像采集**　图像采集主要是通过摄像头采集目标的彩色图像，如果是模拟信号，要把模拟信号转换为数字信号，并把数字图像以一定格式表现出来。

（2）**图像灰度化**　彩色图像分别用红、绿、蓝三个亮度值为一组，代表每个像素的颜色。灰度图像是指每个像素只有一个采样颜色的图像，这类图像通常显示为从最暗的黑色到最亮的白色的灰度。0 代表黑色，255 代表白色。图像灰度化是将彩色图像变成灰度图像，其目的是简化矩阵，提高运算速度。

（3）**图像滤波**　图像滤波是指在尽量保留图像细节特征的条件下对目标图像的噪声进行抑制，其处理的好坏直接影响到后续图像处理的有效性和可靠性。

（4）**图像二值化**　图像二值化是将图像上的像素点的灰度值设置为 0 或 255，也就是将整个图像呈现出明显的黑白效果的过程。通过图像二值化能更好地分析物体的形状和轮廓。

（5）**车道线提取**　根据选择的道路识别方法提取车道线。

4. 道路识别的方法

道路识别的方法有很多，如基于区域分割的识别方法、基于道路特征的识别方法、基于道路模型的识别方法以及基于道路特征与模型相结合的识别方法等。

（1）**基于区域分割的识别方法**　基于区域分割的识别方法是把道路图像的像素分为道路和非道路两类。分割的依据一般是颜色特征或纹理特征。基于颜色特征的区域分割方法的依据是道路图像中道路部分的像素与非道路部分的像素的颜色存在显著差别。根据采集到的图像性质，颜色特征可以分为灰度特征和彩色特征两类。灰度特征来自灰度图像，可用的信息为亮度的大小。彩色特征除了亮度信息外，还包含色调和饱和度。基于颜色特征的车道检测的本质是彩色图像分割问题，主要涉及颜色空间的选择和采用的分割策略两个方面。

（2）**基于道路特征的识别方法**　基于道路特征的识别方法主要是结合道路图像的一些特征，如颜色、梯度、纹理等特征，从所获取的图像中识别出道路边界或车道线，适合有明显边界特征的道路。基于道路特征的识别方法与道路的形状没有关系，鲁棒性较好，但是对阴影和水迹较为敏感且计算量较大。

（3）**基于道路模型的识别方法**　基于道路模型的识别方法主要是基于不同的（2D或3D）道路图像模型，采用不同的检测技术（霍夫变换、模板匹配技术或神经网络技术等）对道路边界或车道线进行识别。基于道路模型的识别方法检测出的道路较为完整，只需较少的参数就可以表示整个道路，所以基于道路模型的方法对阴影、水迹等外界影响有较强的抗干扰性。不过在道路类型比较复杂的情况下很难建立准确的模型，降低了对任意类型道路检测的灵活性。

（4）**基于道路特征与模型相结合的识别方法**　基于道路特征与模型相结合的识别方法的基本思想是利用基于道路特征的识别方法在对抗阴影、光照变化等方面的鲁棒性，对待处理的图像进行分割，找出其中的道路区域；再根据道路区域与非道路区域的分割结果找出道路边界，并使用道路边界拟合道路模型，从而达到综合利用基于道路特征的识别方法与基于道路模型的识别方法的目的。

二、车辆识别技术

1. 车辆识别的定义

车辆识别就是利用车载传感器对前方的车辆或本车周围的车辆进行识别，用于先进驾驶辅助系统或自动驾驶系统，保障车辆安全行驶。图1-34所示为基于毫米波雷达的车辆识别。

图1-34　基于毫米波雷达的车辆识别

2. 车辆识别的类型

车辆识别的类型主要有基于视觉传感器的车辆识别、基于毫米波雷达的车辆识别、基于视觉传感器和毫米波雷达相融合的车辆识别以及基于激光雷达的车辆识别。

（1）**基于视觉传感器的车辆识别**　基于视觉传感器的车辆识别是指利用摄像头获取本车周围的环境信息，利用图像处理或人工智能等技术检测和识别获取环境信息中的车辆。识别的车辆可以是运动的，也可以是静止的。该方法的优点是获取的信息量大，可以对视觉范围内的所有车辆进行识别；缺点是数据量较大，实际应用要求算法较高，受天气影像较大。

（2）**基于毫米波雷达的车辆识别**　基于毫米波雷达的车辆识别是指利用毫米波雷达探测本车周围的车辆，获取车辆的距离和速度信息。该方法的优点是可以精确检测车辆的位置和速度，弥补视觉传感器的不足，在阴天、雨天和雾天，在摄像头敏感度下降时表现出色，夜间行车则可以侦测到大灯照射之外的车辆；缺点是视场角小，覆盖范围比视觉传感器小。

（3）**基于视觉传感器和毫米波雷达相融合的车辆识别**　由于汽车在高速公路行驶时，车速较高，车辆的识别直接关系到汽车的行驶安全性，因此，为了提高识别车辆的可靠性和安全性，采用视觉传感器和毫米波雷达相融合的方式识别车辆是发展趋势。视觉传感器和毫米波雷达相融合，取长补短，覆盖从低速到高速，从白天到黑夜，从晴天到雨天的全路况，时刻监测危险目标，确保探测范围的广度和车辆识别的精度，保障智能网联汽车的安全行驶。

（4）**基于激光雷达的车辆识别**　激光雷达通过扫描本车周围环境形成 3D 模型，运用相关算法比对上一帧和下一帧环境的变化，可以较为容易地探测出周围的车辆，并和其他传感器配合，可以对车辆进行精确定位。由于激光雷达价格昂贵，自动驾驶级别较低的智能网联汽车不需要使用激光雷达，因此，基于激光雷达的车辆识别主要用于无人驾驶汽车。

3. 车辆识别的方法

车辆识别的方法有很多，如基于特征的识别方法、基于机器学习的识别方法以及基于模型的识别方法等。

（1）**基于特征的识别方法**　基于特征的识别方法是在车辆识别中最常使用的方法之一，又称为基于先验知识的识别方法。行驶在前方目标车辆的边缘特征、对称特征、位置特征、尾灯特征以及底部阴影特征等都可以用来将车辆与周围背景区别开来。因此，基于特征的车辆识别方法就是以这些车辆的外形特征为基础从图像中识别前方行驶的车辆。因为周围环境的干扰和光照条件的多样性，如果仅仅使用一个特征实现对车辆的识别难以达到良好的稳定性和准确性。所以如果想获得较好的识别效果，目前都是使用多个特征相结合的方法完成对前方运动车辆的识别。

（2）**基于机器学习的识别方法**　前方运动车辆的识别其实是对图像中车辆区域与非车辆区域的定位与判断的问题。基于机器学习的识别方法一般需要从正样本集和负样本集中提取目标特征，再训练出识别车辆区域与非车辆区域的决策边界，最后使用分类器判断目标。通常的识别过程是对原始图像进行不同比例的缩放，得到一系列的缩放图像，然后在这些缩放图像中全局搜索所有与训练样本尺度相同的区域，再由分类器判断这些区域是否为目标区域，最后确定目标区域并获取目标区域的信息。机器学习的方法无法预先定位车辆可能存在的区域，因此只能对图像进行全局搜索，这样造成识别过程的计算复杂度变高。

（3）基于模型的识别方法　基于模型的识别方法是根据前方运动车辆的参数来建立二维或三维模型，然后利用指定的搜索算法来匹配查找前方车辆。这种方法对建立的模型依赖度高，并且车辆外部形状各异，仅建立一种或者少数几种模型的方法难以对车辆实施有效的识别，如果为每种车辆外形都建立精确的模型又将大幅增加识别过程中的计算量。

基于深度学习的人工智能技术是车辆识别技术的发展方向。

三、行人识别技术

1. 行人识别的定义

行人识别是采用安装在车辆前方的视觉传感器采集前方场景的图像信息，通过一系列复杂的算法分析处理这些图像信息，实现对行人的识别，如图 1-35 所示。如果把行人作为障碍物检测，也可以应用毫米波雷达和激光雷达。

图 1-35　行人识别

2. 行人识别的类型

行人识别的类型主要有可见光行人的检测和红外行人的检测。

（1）可见光行人的检测　可见光行人的检测采用的视觉传感器为普通的光学摄像头，由于普通摄像头基于可见光进行成像，因此非常符合人的正常视觉习惯，而且硬件成本十分低廉。但是受到光照条件的限制，该方法只能在白天应用，在光照条件很差的阴雨天或夜间则无法使用。

（2）红外行人的检测　红外行人的检测采用红外热成像摄像头，利用物体发出的热红外线进行成像，不依赖于光照，具有很好的夜视功能，在白天和晚上都适用，尤其是在夜间以及光线较差的阴雨天具有无可替代的优势。

红外行人的检测相比可见光行人的检测，主要优势有：红外摄像头靠感知物体发出的热红外线（与温度成正比）进行成像，与可见光光照条件无关，对于夜间场景中的发热物体检测有明显的优势；行人属于恒温动物，温度一般会高于周围背景很多，在红外图像中表现为行人相对于背景明亮突出；由于红外成像不依赖于光照条件，对光照的明暗、物体的颜色变化以及纹理和阴影干扰都不敏感。

3. 行人识别的方法

行人识别的方法有很多，如基于特征分类的行人识别方法、基于模型的行人识别方法、基于运动特性的行人识别方法、基于形状模型的行人识别方法、基于小波变换和支持向量机的行人识别方法以及基于神经网络的行人识别方法等。

（1）**基于特征分类的行人识别方法**　基于特征分类的行人识别方法着重于提取行人的特征，然后通过特征匹配来识别行人目标，是目前较为主流的行人识别方法，主要有基于方向梯度直方图（HOG）特征的行人识别方法、基于小波（Haar）特征的行人识别方法、基于小边（Edgelet）特征的行人识别方法、基于形状轮廓模板特征的行人识别方法以及基于部件特征的行人识别方法等。HOG特征的主要思想是用局部梯度大小和梯度方向的分布来描述对象的局部外观和外形，而梯度和边缘的确切位置不需要知道；小波特征反应图像局部的灰度值变化，是黑色矩形与白色矩形在图像子窗口中对应区域灰度级总和的差值，小波特征计算方便且能充分地描述目标特征；小边特征描述的是人体的局部轮廓特征，该特征不需要人工标注，避免了重复计算相似的模板，降低了计算的复杂度。

（2）**基于模型的行人识别方法**　基于模型的行人识别方法通过建立背景模型来识别行人。常用的基于背景建模的行人识别方法有混合高斯法、核密度估计法和密码本法。

（3）**基于运动特性的行人识别方法**　基于运动特性的行人识别方法就是利用人体运动的周期性特性来确定图像中的行人。该方法主要识别运动的行人，不适合识别静止的行人。在基于运动特性的行人识别方法中，比较典型的算法有背景差分法、帧间差分法和光流法。

（4）**基于形状模型的行人识别方法**　基于形状模型的行人识别方法主要依靠行人的形状特征来识别行人，避免了由于背景变化和摄像机运动带来的影响，适合识别运动和静止的行人。

（5）**基于小波变换和支持向量机的行人识别方法**　行人识别主要是基于小波模板概念，按照图像中小波相关系数子集定义目标形状的小波模板。系统首先对图像中每个特定大小的窗口以及该窗口进行一定范围的比例缩放得到的窗口进行小波变换，然后利用支持向量机（按监督学习方式对数据进行二元分类的广义线性分类器）检测变换的结果是否可以与小波模板匹配，如果匹配成功则认为检测到一个行人。

（6）**基于神经网络的行人识别方法**　基于神经网络的行人识别方法主要是对利用视觉信息探测到的可能含有行人的区域进行分类识别。首先利用立体视觉进行目标区域分割，然后合并和分离子目标候选图像满足行人尺寸和形状约束的子图像，最后将所有探测到的可能含有行人目标的框区域输入到神经网络进行行人识别。

四、交通标志识别技术

1. 交通标志识别的定义

交通标志识别就是利用视觉传感器对车辆周围道路的交通标志进行识别，用于交通标志识别系统，如图1-36所示。

图1-36　交通标志识别

2. 交通标志识别的流程

利用视觉传感器进行交通标志识别的流程主要是"图像采集→图像预处理→图像分割→图像特征提取→交通标志识别"，如图1-37所示。

(a) 图像采集

(b) 图像预处理

(c) 图像分割

(d) 图像特征提取

(e) 交通标志识别

图1-37　交通标志识别的流程

（1）**图像采集**　图像采集主要是通过摄像头采集带有交通标志的彩色图像，如果是模拟信号，要把模拟信号转换为数字信号，并把数字图像以一定格式表现出来。

（2）**图像预处理**　图像预处理包含的内容较多，要根据具体实际情况进行选择，如图像灰度化、图像压缩以及图像增强与复原等。图像灰度化的目的是把彩色图像变成灰度图像；图像压缩的目的是减少描述图像的数据量，节省图像传输、处理时间并减少所占用的存储器容量；图像增强和复原的目的是提高图像的质量，如去除噪声、提高图像的清晰度等。

（3）**图像分割**　图像分割的目的是把图像分成若干个特定的、具有独特性质的区域并提出感兴趣的目标，它是图像处理和图像分析的关键步骤之一。图像分割方法主要有阈值分割法、区域分割法、边缘分割法以及特定理论分割法等。

（4）**图像特征提取**　为了完成图像中目标的识别，要在图像分割的基础上，提取需要特征并将某些特征进行计算、测量以及分类，便于计算机根据特征值进行图像分类和识别。常用的特征有边缘特征、图像幅度特征、直观性特征、图像统计特征、图像几何特征以及图像变换系数特征等。

（5）**交通标志识别**　选择合适的识别方法，对特定的交通标志进行识别。

3. 交通标志识别的方法

交通标志识别的方法有很多，如基于颜色信息的交通标志识别、基于形状特征的交通标志识别、基于显著性的交通标志识别以及基于特征提取和机器学习的交通标志识别等。

（1）**基于颜色信息的交通标志识别**　颜色分割就是利用交通标志特有的颜色特征，将交通标志与背景分离。颜色特征具有旋转不变性，即颜色信息不会随着图像的旋转、倾斜而发生变化，与几何、纹理等特征相比，基于颜色特征设计的交通标志识别算法对图像旋转、倾斜的情况具有较好的鲁棒性。所采用的颜色模型主要有 RGB 模型（用红、绿和蓝来描述物体的颜色）、HSI 模型（用色调、饱和度和强度来描述物体的颜色）以及 HSV 模型（用色调、饱和度和亮度来描述物体的颜色）等。

（2）**基于形状特征的交通标志识别**　除颜色特征外，形状特征也是交通标志的显著特征。我国警告标志、指示标志和禁令标志共 131 种，其中 130 种都有规则的形状：圆形、矩形、正三角形、倒三角形以及正八边形。颜色检测和形状检测是交通标志识别中的重要内容。检测方法通常都以颜色分割做粗检测，排除大部分的背景干扰；再提取二值图像各连通域的轮廓，进行形状特征的分析，进而确定交通标志候选区域并完成定位。

（3）**基于显著性的交通标志识别**　显著性作为从人类生物视觉中引入的概念，用来度量场景中具有最显眼的特征和最容易吸引人优先看到的区域。由于交通标志被设计成具有显眼的颜色和特定的形状，在一定程度上满足了显著性的要求，因此可以采用显著性模型来检测交通标志。

（4）**基于特征提取和机器学习的交通标志识别**　无论是基于颜色和形状分析的算法，还是基于显著性的算法，由于其所包含的信息的局限性，在背景复杂或者出现与目标物十分相似的干扰物时，都不能很好地去除干扰，因此，可通过合适的特征描述符更充分地表示交通标志，再通过机器学习方法区分标志和障碍物。基于特征提取和机器学习的交通标志识别一般使用滑动窗口的方式或者使用之前处理得到的感兴趣块进行验证的方式。前者对全图或者交通标志可能出现的感兴趣区域进行操作，以多尺度的窗口滑动扫描目标区域，并对得到的每一个窗口都用训练好的分类器判断是否是标志。后者则认为经过之前的处理，如颜色、形状分析等，得到的感兴趣块已经是一整个标志或者干扰物，只需对其整体进行分类即可。

五、交通信号灯识别技术

1. 交通信号灯识别的定义

交通信号灯识别就是利用视觉传感器或 V2X 技术获取交通信号灯的状况，可实现车路协同控制，提高通行效率。

如果能从车内预先得知前方的交通信号灯状况，甚至提醒驾驶员目前是适合持续加速或者维持速度恒定，还是预先减速，则可以使行车更为顺畅，通行效率大大提高。奥迪所推出的交通信号灯信息互联系统就是为了解决交通信号灯对于行车顺畅所造成的问题，如图 1-38 所示。奥迪的交通信号灯信息互联系统是建立在车辆与基础设施联网（V2I）的技术之上，让车辆可以透过网络与基础设施联线，共享彼此的信息。交通信号灯信息互联系统正是让车辆能够与交通信号灯联线，使驾驶员在车内就能预先得知前方交通信号灯的状态，包括红灯或者绿灯，以及红灯与绿灯的剩余秒数等信息。

图1-38　交通信号灯信息互联系统

交通信号灯信息互联服务除了可以透过仪表板或者抬头显示系统预先得知前方路口的交通信号灯状况外，系统还能够以当下的车速进行计算，判断抵达下个路口时信号灯将会是红灯或者绿灯。若系统判断抵达下个路口时，信号灯将会是红灯，也会显示红灯的倒数计时，并提醒驾驶员可以调整当下的车速。如果调整适宜，将可以迎来一路常绿的状态。

2. 交通信号灯识别的流程

基于视觉传感器的交通信号灯识别流程主要是"图像采集→图像灰度化→直方图均衡化→图像二值化→交通信号灯识别"，如图 1-39 所示。

(a) 图像采集

(b) 图像灰度化

(c) 直方图均衡化

(d) 图像二值化

(e) 交通信号灯识别

图 1-39　基于视觉传感器的交通信号灯识别流程

（1）**图像采集**　利用视觉传感器采集带有交通信号灯的彩色图像。

（2）**图像灰度化**　把带有交通信号灯的彩色图像转换为灰度图像。

（3）**直方图均衡化**　直方图反映了灰度图像中不同灰度级出现的统计情况，采用直方图均衡化可以把原始图像的直方图变换为均匀分布（均衡）的形式，这样就增加了像素之间灰度值差别的动态范围，从而达到增强图像整体对比度的效果。

（4）**图像二值化**　图像二值化就是将图像上的像素点的灰度值设置为 0 或 255，也就是将整个图像呈现出明显的黑白效果。

（5）**交通信号灯识别**　选择合适的方法对交通信号灯进行识别。

3. 交通信号灯的识别方法

交通信号灯的识别方法有很多，如基于颜色特征的识别方法和基于形状特征的识别方法等。

（1）**基于颜色特征的识别方法**　基于颜色特征的交通信号灯识别方法主要是选取某个颜色空间对交通信号灯的红、黄、绿 3 种颜色进行描述，主要有基于 RGB 颜色空间的识别方法、基于 HSI 颜色空间的识别方法以及基于 HSV 颜色空间的识别方法。

① 基于 **RGB** 颜色空间的识别方法。通常采集到的交通信号灯图像都是 RGB 格式的，直接在 RGB 颜色空间中进行交通信号灯的识别，优点是不需要颜色空间的转换，实时性会很好；缺点是 R、G、B 三个通道之间相互依赖性较高，对光学变化很敏感。

② 基于 **HSI** 颜色空间的识别方法。HSI 颜色模型比较符合人类对色彩的视觉感知，而且 HSI 模型的 3 个分量之间的相互依赖性比较低，更加适合交通信号灯的识别；缺点是需要从 RGB 颜色空间转换成 HSI 颜色空间。

③ 基于 **HSV** 颜色空间的识别方法。在 HSV 颜色空间中，H 和 S 两个分量是用来

描述色彩信息的，V 则是表征对非色彩的感知。虽然在 HSV 颜色空间中进行交通信号灯的识别对光学变化不敏感，但是相关参数的确定比较复杂，必须视具体环境而定。

（2）基于形状特征的识别方法　基于形状特征的识别方法主要是利用交通信号灯和它的相关支撑物之间的几何信息进行识别，其主要优势在于交通信号灯的形状信息一般不会受到光学、天气和气候变化的影响。

也可以将交通信号灯的颜色特征和形状特征结合起来，以减少单独利用某一特征所带来的影响。

第五节　先进驾驶辅助系统的应用

一、汽车驾驶自动化分级

先进驾驶辅助系统的应用与汽车驾驶自动化分级密切相关，级别不同，配置的先进驾驶辅助系统也有所不同。

《汽车驾驶自动化分级》（GB/T 40429—2021）中把汽车驾驶自动化分为 0 级驾驶自动化、1 级驾驶自动化、2 级驾驶自动化、3 级驾驶自动化、4 级驾驶自动化以及 5 级驾驶自动化。

1. 0 级驾驶自动化

0 级驾驶自动化（应急辅助）系统不能持续执行动态驾驶任务中的车辆横向或纵向运动控制，但具备持续执行动态驾驶任务中的部分目标和事件探测与响应的能力。0 级驾驶自动化不是无驾驶自动化，0 级驾驶自动化系统可感知环境，并提供提示信息或短暂介入车辆控制以辅助驾驶员避险，如车道偏离预警系统、前向碰撞预警系统、自动紧急制动系统以及车道偏离抑制系统等紧急情况下提供的辅助功能。

0 级驾驶自动化系统应满足以下要求。

① 具备持续执行部分目标和事件探测与响应的能力。

② 当驾驶员请求驾驶自动化系统退出时，立即解除系统控制权。如当车道偏离抑制系统工作时，驾驶员可以主动控制转向盘使车道偏离抑制系统退出。

2. 1 级驾驶自动化

1 级驾驶自动化（部分驾驶辅助）系统在其设计运行条件下持续地执行动态驾驶任务中的车辆横向或纵向运动控制，且具备与所执行的车辆横向或纵向运动控制相适应的部分目标和事件探测与响应的能力。对于 1 级驾驶自动化，驾驶员和驾驶自动化系统共同执行全部动态驾驶任务，并监管驾驶自动化系统的行为，执行适当的响应或操作，如车道居中控制系统和自适应巡航控制系统等功能。

1 级驾驶自动化系统应满足以下要求。

① 持续地执行动态驾驶任务中的车辆横向或纵向运动控制。

② 具备与所执行的车辆横向或纵向运动控制相适应的部分目标和事件探测与响应的能力。

③ 当驾驶员请求驾驶自动化系统退出时，立即解除系统控制权。

3. 2级驾驶自动化

2级驾驶自动化（组合驾驶辅助）系统在其设计运行条件下持续地执行动态驾驶任务中的车辆横向和纵向运动控制，且具备与所执行的车辆横向和纵向运动控制相适应的部分目标和事件探测与响应的能力。对于2级驾驶自动化，驾驶员和驾驶自动化系统共同执行全部动态驾驶任务，并监管驾驶自动化系统的行为，执行适当的响应或操作。

2级驾驶自动化系统应满足以下要求。

① 持续地执行动态驾驶任务中的车辆横向和纵向运动控制。

② 具备与所执行的车辆横向和纵向运动控制相适应的部分目标和事件探测与响应的能力。

③ 当驾驶员请求驾驶自动化系统退出时，立即解除系统控制权。

4. 3级驾驶自动化

3级驾驶自动化（有条件自动驾驶）系统在其设计运行条件下持续地执行全部动态驾驶任务。对于3级驾驶自动化，动态驾驶任务后援用户以适当的方式执行接管。

3级驾驶自动化系统应满足以下要求。

① 仅允许在其设计条件下激活。

② 激活后在其设计运行条件下执行全部动态驾驶任务。

③ 识别是否即将不满足设计运行范围，并在即将不满足设计运行范围时，及时向动态驾驶任务后援用户发出介入请求。

④ 识别驾驶自动化系统失效，并在发生驾驶自动化系统失效时，及时向动态驾驶任务后援用户发出介入请求。

⑤ 识别动态驾驶任务后援用户的接管能力，并在其接管能力即将不满足要求时，发出介入请求。

⑥ 在发出介入请求后，继续执行动态驾驶任务一定的时间供动态驾驶任务后援用户执行接管操作。

⑦ 在发出介入请求后，如果动态驾驶任务后援用户未响应，适时采取减缓车辆风险的措施。

⑧ 当用户请求驾驶自动化系统退出时，立即解除系统控制权。

5. 4级驾驶自动化

4级驾驶自动化（高度自动驾驶）系统在其设计运行条件下持续地执行全部动态驾驶任务并自动执行最小风险策略。对于4级驾驶自动化，系统发出介入请求时，系统具备自动达到最小风险状态的能力。

4级驾驶自动化系统应满足以下要求。

① 仅允许在其设计条件下激活。

② 激活后在其设计运行条件下执行全部动态驾驶任务。

③ 识别是否即将不满足设计运行范围。

④ 识别驾驶自动化系统失效和车辆其他系统失效。

⑤ 在发生下列情况之一且用户未响应介入请求时，自动执行最小风险策略。

· 即将不满足其设计运行范围。

- 驾驶自动化系统失效或车辆其他系统失效。
- 驾乘人员状态不符合其设计运行条件。
- 用户要求实现最小风险状态。

⑥ 除下列情形以外，不得解除系统控制权。
- 已达到最小风险状态。
- 驾驶员在执行动态驾驶任务。

⑦ 当用户请求驾驶自动化系统退出时，解除系统控制权，如果存在安全风险可暂缓解除。

6. 5级驾驶自动化

5级驾驶自动化（完全自动驾驶）系统在任何可行驶条件下持续地执行全部动态驾驶任务并自动执行最小风险策略。对于5级驾驶自动化，系统发出介入请求时，用户可不作响应，系统具备自动达到最小风险状态的能力。

5级驾驶自动化系统应满足以下要求。

① 无设计运行范围限制。

② 仅允许在其设计允许条件下激活。

③ 激活后在其设计运行条件下执行全部动态驾驶任务。

④ 识别驾驶自动化系统失效和车辆其他系统失效。

⑤ 在发生下列情况之一且用户未响应介入请求时，自动执行最小风险策略。
- 驾驶自动化系统失效或车辆其他系统失效。
- 用户要求实现最小风险状态。

⑥ 除下列情形以外，不得解除系统控制权。
- 已达到最小风险状态。
- 驾驶员在执行动态驾驶任务。

⑦ 当用户请求驾驶自动化系统退出时，解除系统控制权，如果存在安全风险可暂缓解除。

我国驾驶自动化等级与划分要素的关系见表1-8。

表1-8 我国驾驶自动化等级与划分要素的关系

分级	名称	持续的车辆横向和纵向运动控制	目标和事件探测与响应	驾驶动态任务后援	设计运行范围
0级	应急辅助	驾驶员	驾驶员及系统	驾驶员	有限制
1级	部分驾驶辅助	驾驶员和系统	驾驶员及系统	驾驶员	有限制
2级	组合驾驶辅助	系统	驾驶员及系统	驾驶员	有限制
3级	有条件自动驾驶	系统	系统	后援用户	有限制
4级	高度自动驾驶	系统	系统	系统	有限制
5级	完全自动驾驶	系统	系统	系统	无限制

先进驾驶辅助系统主要应用在0级、1级和2级的智能网联汽车上。

二、先进驾驶辅助系统的应用实例

随着汽车智能化水平的提高，先进驾驶辅助系统在新车上应用越来越广泛。先进驾驶辅助系统不同，使用的传感器也不同。对于不同的汽车，即使先进驾驶辅助系统相同，有时使用的传感器也不同。

（1）**汽车A** 汽车A的ADAS传感器布局如图1-40所示，其功能见表1-9。汽车A的前视摄像头用于车道偏离预警（LDW）系统和车道保持辅助（LKA）系统；鱼眼摄像头用于全景影像监测（AVM）系统；77GHz毫米波雷达用于自适应巡航控制（ACC）系统；24GHz毫米波雷达用于自动紧急制动（AEB）系统、前向碰撞预警（FCW）系统以及变道辅助（LCA）系统；超声波雷达用于智能泊车辅助（IPA）系统。

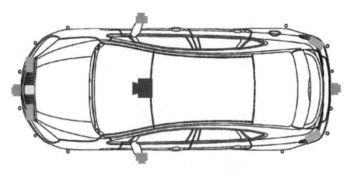

图1-40 汽车A的ADAS传感器布局

表1-9 汽车A的ADAS传感器的功能

图例	■	■	■	■	◎
传感器名称	前视摄像头	鱼眼摄像头	77GHz 毫米波雷达	24GHz 毫米波雷达	超声波雷达
单车数量	1	4	1	4	12
功能	LDW,LKA	AVM	ACC	AEB，FCW，LCA	IPA

（2）**汽车B** 汽车B的ADAS传感器布局如图1-41所示，其功能见表1-10。汽车B的前视摄像头用于自动紧急制动（AEB）系统、前向碰撞预警（FCW）系统、车道

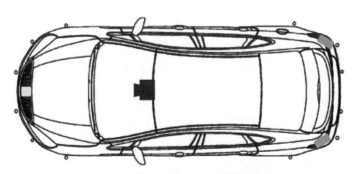

图1-41 汽车B的ADAS传感器布局

偏离预警（LDW）系统以及车道保持辅助（LKA）系统；77GHz毫米波雷达用于自适应巡航控制（ACC）系统；24GHz毫米波雷达用于变道辅助（LCA）系统和后方交通穿行提示（RCTA）系统；超声波雷达用于智能泊车辅助（IPA）系统。

表1-10　汽车B的ADAS传感器的功能

图例	■	■	■	●
传感器名称	前视摄像头	77GHz毫米波雷达	24GHz毫米波雷达	超声波雷达
单车数量	1	1	2	12
功能	AEB、FCW、LDW、LKA	ACC	LCA、RCTA	IPA

（3）汽车C　汽车C的ADAS传感器布局如图1-42所示，其功能见表1-11。汽车C的前视摄像头用于车道偏离预警（LDW）系统；鱼眼摄像头用于全景影像监测（AVM）系统；77GHz毫米波雷达用于自适应巡航控制（ACC）系统、自动紧急制动（AEB）系统、前向碰撞预警（FCW）系统、变道辅助（LCA）系统以及后方交通穿行提示（RCTA）系统；超声波雷达用于智能泊车辅助（IPA）系统。

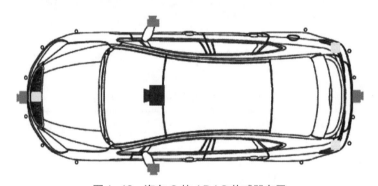

图1-42　汽车C的ADAS传感器布局

表1-11　汽车C的ADAS传感器的功能

图例	■	■	■	●
传感器名称	前视摄像头	鱼眼摄像头	77GHz毫米波雷达	超声波雷达
单车数量	1	4	3	12
功能	LDW	AVM	ACC、AEB、FCW、LCA、RCTA	IPA

（4）汽车D　汽车D的ADAS传感器布局如图1-43所示，其功能见表1-12。汽车D的前视摄像头用于自适应巡航控制（ACC）系统、自动紧急制动（AEB）系统、前向碰撞预警（FCW）系统以及车道偏离预警（LDW）系统；鱼眼摄像头用于全景影像监测（AVM）系统；24GHz毫米波雷达用于变道辅助（LCA）系统和后方交通穿行提示（RCTA）系统；超声波雷达用于前后泊车辅助系统。

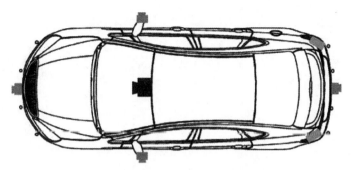

图 1-43　汽车 D 的 ADAS 传感器布局

表 1-12　汽车 D 的 ADAS 传感器的功能

图例	◼	◖	◼	◉
传感器名称	前视摄像头	鱼眼摄像头	22GHz 毫米波雷达	超声波雷达
单车数量	1	4	2	8
功能	ACC，AEB，FCW，LDW	AVM	LCA，RCTA	前后泊车辅助

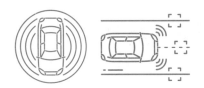

第二章
前向碰撞预警系统

第一节　前向碰撞预警系统的定义与组成

一、前向碰撞预警系统的定义

前向碰撞预警（Forward Collision Warning，FCW）系统能够实时监测车辆前方行驶环境，并在可能发生前向碰撞危险时发出警告信息。FCW 系统利用车载传感器（如视觉传感器、毫米波雷达等）实时监测前方车辆（或前方其他障碍物），判断本车与前方车辆（或前方其他障碍物）之间的距离、相对速度及方位，当系统判断存在潜在危险时，将对驾驶员进行警告，提醒驾驶员进行制动，保障行车安全，如图 2-1 所示。前向碰撞预警系统本身不会采取任何制动措施去避免碰撞或控制车辆。

图 2-1　基于车载传感器的前向碰撞预警系统

前向碰撞预警系统的预警方式主要有声音、指示灯闪烁、转向盘振动以及安全带收紧等。

车载传感器适用于近距离检测，但不能检测较远距离或非视距内的车辆，同时受恶劣天气影响较大。未来前向碰撞预警可采用车载传感器与 V2X 通信相结合的方式获取信息。利用 V2X 通信技术可及时在运行车辆之间交换信息并及时获取本车周围环境路况和车辆信息，由碰撞预警算法判断是否存在碰撞危险，并根据危险级别提前预警，从而使驾驶员及时采取避撞措施，提高道路安全性。V2X 通信技术具有通信距离长、不受天气或亮度变化的影响等优点。

二、前向碰撞预警系统的类型

根据适用的道路曲率半径不同，前向碰撞预警系统可分三类，见表 2-1。

表 2-1　前向碰撞预警系统的类型

类型	水平方向曲率半径	说明
Ⅰ型系统	≥500m	具有在曲率半径不低于 500m 的道路上检测到前车的能力
Ⅱ型系统	≥250m	具有在曲率半径不低于 250m 的道路上检测到前车的能力
Ⅲ型系统	≥125m	具有在曲率半径不低于 125m 的道路上检测到前车的能力

三、前向碰撞预警系统的组成

前向碰撞预警系统由信息采集单元、电子控制单元和人机交互单元组成，如图 2-2 所示。

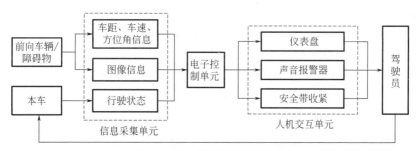

图 2-2　前向碰撞预警系统的组成

1. 信息采集单元

信息采集单元主要利用车载传感器采集前方行驶环境信息（毫米波雷达采集前向车辆或障碍物的车距、车速和方位角信息；视觉传感器采集前向车辆或者障碍物的图像信息），利用本车（配有前向碰撞预警系统的车辆）的车速传感器和加速度传感器采集本车行驶状态（速度、加速度）等信息。

2. 电子控制单元

电子控制单元主要对前向车辆或障碍物的图像信息和车距、车速等信息进行信息融合，确定障碍物的类型和距离，并结合本车行驶状态信息，采用一定的决策算法评估是否存在潜在的碰撞风险，若存在，则向人机交互单元发出预警指令。

3. 人机交互单元

人机交互单元主要接收由电子控制单元传来的指令，根据预警程度或级别的定义，进行相应预警信息的发布，如在仪表盘或抬头显示区域显示预警信息或闪烁预警图标、发出预警声音和收紧安全带等，提醒驾驶员采取措施进行规避。驾驶员接受预警信息后对本车采取制动行为，若碰撞风险消失则碰撞预警取消。

第二节　前向碰撞预警系统的工作原理与工作模式

一、前向碰撞预警系统的工作原理

前向碰撞预警系统作为一种主动安全的预警措施，在车辆行驶的过程中自动开启，通常情况下无法自行关闭，该系统只对本车行驶车道内的前方障碍进行预警，不受相邻车道行驶车辆的影响，因此，预警信息的准确性决定了系统的实用性。

前向碰撞预警系统通过分析车载传感器获取的前方道路信息对前方车辆进行识别和跟踪，如果有车辆被识别出来，则对前方车辆的距离进行测量；同时利用车速估算，根据安全车距预警模型判断是否有追尾可能，一旦存在追尾危险便根据预警规则及时给予驾驶员主动预警。图 2-3 所示为前向碰撞预警系统的工作原理。

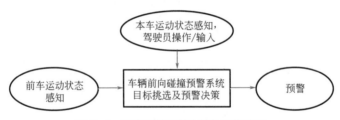

图 2-3　前向碰撞预警系统的工作原理

二、前向碰撞预警系统的工作模式

1. 状态切换过程

前向碰撞预警系统的状态切换过程如图 2-4 所示。图 2-4 中，对于燃油汽车，[1-2] 表示发动机启动，或发动机启动且系统开关开启（若存在系统开关）；[2-1] 表示发动机熄火或系统开关关闭或处于故障状态；[3-1] 表示发动机熄火或系统开关关闭或处于故障状态；[2-3] 表示 $v_{min} \leqslant$ 本车车速 $\leqslant v_{max}$，且挡位为非倒挡与非驻车挡；[3-2] 表示 $v_{min} - \delta >$ 本车车速，或本车车速 $> v_{max} + \delta$，或挡位为倒挡或驻车挡（$\delta > 0$）；v_{min} 为系统工作时的汽车最低车速；v_{max} 为系统工作时的汽车最高车速；δ 为车速变化的迟滞量。对于纯电动汽车，发动机应改为驱动电机。

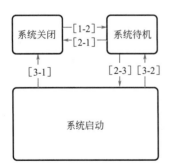

图 2-4　前向碰撞预警系统的状态切换过程

2. 状态功能描述

状态功能描述定义了前向碰撞预警系统在每个工作状态下所执行的功能。

（1）系统关闭 当前向碰撞预警系统处于关闭状态时，将不会进行预警。在这个状态下，可以向驾驶员提供一个除了打开点火开关以外的启动系统的其他途径（如设置一个系统开启/关闭的开关）。当点火开关被置于关的挡位时，前向碰撞预警系统切换到系统关闭状态；当系统故障检测单元检测到系统不能正常工作时，系统进入故障模式，系统被切换到关闭状态。

（2）系统待机 当前向碰撞预警系统处于待机状态时，将不会进行预警。在这个状态下，系统检测本车的车速及挡位状态。如果本车车速在系统的工作车速范围内，且挡位在前进挡（除了倒挡及驻车挡以外的其他挡位），系统将从待机状态切换到启动状态。当点火周期完成，发动机开始工作之后，或当发动机正在工作，驾驶员手动启动了系统开关后，系统将从关闭状态切换到待机状态。当本车车速不在前向碰撞预警系统的工作车速范围（考虑了车速变化的迟滞量 δ）内，或驾驶员将挡位切换到倒挡、驻车挡时，系统将从启动状态退出，进入待机状态。

（3）系统启动 当前向碰撞预警系统处于启动状态时，如果预警条件满足，则系统将发出预警命令。只要车辆挡位处于任意前进挡，且车速在系统的工作车速范围以内，则前向碰撞预警系统将进入此状态。

3. 工作限制条件

系统工作时的汽车最低车速 v_{min} 应不高于 11.2m/s；系统工作时的汽车最高车速 v_{max} 应不低于 27.8m/s 或车辆能够达到的最高车速。相对车速的最小值应不高于 4.2m/s，最大值应不低于 20m/s。

第三节　前向碰撞预警系统的模型

一、预警模型

前向碰撞预警系统的目的是在汽车有可能发生碰撞的情况下，通过预警信息及时提醒驾驶员注意减速，其模型的核心是对于行车过程中预警距离（安全车距）的设定与计算。当预警距离设定值过大时，则会导致频繁预警，影响行车的舒适性，对驾驶员造成较大干扰；当设定值过小时，则无法及时预警，车辆存在无法在碰撞前刹停的危险，危险性较大。

建立预警模型主要是为了获得预警过程的阈值。常见的预警模型主要分为两种：一种是基于碰撞时间的前向碰撞预警模型，另一种是基于距离的前向碰撞预警模型。其中，基于碰撞时间的前向碰撞预警模型主要计算从此刻起，两车若发生碰撞所花费的时间，将其与设定的安全时间阈值进行比较，若小于安全时间阈值，则采取预警或制动措施，反之则继续行驶。该模型的时间阈值固定，距离阈值根据车速而实时调整，但是由于两车发生碰撞的时间是由车速和车距决定的，而两车的车速很难保证稳定，故该模型应用较少。基于距离的前向碰撞预警模型主要是比较当前两车的实际距离和根据模型计算的预警距离，预警距离通常以车辆当前车速为基础进行确定，一般应大于或等于本车能够在碰撞之前刹停且不发生碰撞的距离，该模型运用较为成熟。

经典的预警模型主要有马自达模型、本田模型以及伯克利模型，均为基于距离的前向碰撞预警模型。后续的很多模型都是在经典模型的基础上进行改良得到的。

1. 马自达模型

日本马自达公司研制开发的防追尾碰撞系统（具有前向碰撞预警系统和制动紧急制动系统的功能）的主要设计思路为：在正常跟车行驶情况下，系统不工作；当发现前车减速时，开始向前向碰撞预警系统发送信息；当与前车距离低于本车的制动距离时，系统向制动器发出指令，本车开始减速，最后与前车速度均减到 0 时，两车仍有一定的距离。但是如果在发出预警后，驾驶员没有采取制动减速措施，该系统便启动紧急制动装置，以避免发生追尾事故。该模型的本质是实时计算最小安全距离，从而对车速进行预警和控制。马自达模型的预警距离为

$$D_{\mathrm{w}} = \frac{1}{2}\left[\frac{v_1^2}{a_1} - \frac{(v_1 + v_{\mathrm{rel}})^2}{a_2} \right] + v_1\tau_0 + v_{\mathrm{rel}}\tau_1 + D_0 \tag{2-1}$$

式中，D_{w} 为预警距离；v_1 为本车车速；v_{rel} 为相对车速；a_1 为本车减速度，一般取 $6\mathrm{m/s}^2$；a_2 为前车减速度，一般取 $8\mathrm{m/s}^2$；τ_0 为驾驶员反应时间，一般取 $0.15\mathrm{s}$；τ_1 为系统延迟时间，一般取 $0.6\mathrm{s}$；D_0 为刹停距离，一般取 $5\mathrm{m}$。

马自达公司用大量试验验证了该系统的可靠性。试验结果表明，该系统已具备 3 个主要功能：通过环境感知传感器（如毫米波雷达）对行车环境进行监测；判定车辆追尾碰撞的可能性；采用自动制动操作机构对车辆进行控制。

试验证明该系统在保护乘员安全、防止因驾驶员疏忽大意而造成车辆事故方面有明显效果。其缺点是该安全跟车模型假定前车随时都会以 $8\mathrm{m/s}^2$ 的减速度突然制动，为试图避免这一极端危险的情况，计算出的预警距离较大，导致系统频繁预警。但在实际行车中前车突然制动的情况不多，频繁预警反而容易使驾驶员麻痹大意，甚至影响到驾驶员的正常操作。

2. 本田模型

本田模型设定了预警距离和制动距离，采用两段式预警的方式。预警距离的设定是以实验数据为基础，预警距离和制动距离的表达式分别为

$$D_{\mathrm{w}} = 6.2 - 2.2 \times (v_2 - v_1) \tag{2-2}$$

$$D_{\mathrm{b}} = \begin{cases} -v_{\mathrm{rel}}\tau_2 + \tau_1\tau_2 a_1 - 0.5 a_1\tau_1^2 & \dfrac{v_2}{a_2} \geqslant \tau_2 \\ v_1\tau_2 - 0.5 a_1(\tau_2 - \tau_1)^2 - \dfrac{v_2^2}{2a_2} & \dfrac{v_2}{a_2} < \tau_2 \end{cases} \tag{2-3}$$

式中，D_{b} 为制动距离；v_2 为前车车速；a_1 为本车减速度，一般取 $7.8\mathrm{m/s}^2$；a_2 为前车减速度，一般取 $7.8\mathrm{m/s}^2$；τ_1 为系统延迟时间，一般取 $0.5\mathrm{s}$；τ_2 为制动时间，一般取 $1.5\mathrm{s}$。

本田模型采用两段预警的方式对驾驶员的正常操作影响较小。该模型不能避免绝大多数的碰撞，只能减少碰撞的严重程度，一旦预警可能会引起驾驶员的极度恐慌，

甚至会因恐惧而失去对车辆的控制。该模型准确性较低，不能实时反映行车路面情况，对驾驶员主观因素考虑不够。另外，该模型的建立以试验数据为基础，样本点选取得合适与否对模型影响较大。

3. 伯克利模型

伯克利模型也设定了预警距离和制动距离。预警距离是沿用马自达模型的安全距离值来设定的，并假定前车和本车最大减速度相等，即 $a_2 = a_1 = 6m/s^2$，其他参数定义和取值与马自达模型相同。预警距离为

$$D_w = \frac{1}{2}\left[\frac{v_1^2}{a_1} - \frac{(v_1 + v_{rel})^2}{a_1}\right] + v_1\tau_0 + v_{rel}\tau_1 + D_0 \tag{2-4}$$

制动距离预警是在两车相碰撞前的时刻预警，该模型旨在减轻碰撞对驾驶员的损伤严重程度，亦即驾驶员听到预警时两车即将发生碰撞。制动距离为

$$D_b = -v_{rel}\tau_2 + 0.5a_1\tau_2^2 \tag{2-5}$$

伯克利模型综合了马自达模型和本田模型的优点，建立了一个保守的预警距离和一个冒险的制动距离。预警预先给驾驶员一个危险提示，设定冒险的制动预警可以减少对驾驶员的干扰。而在各种运动状态下均采取同样的预警距离模式，不利于系统做出准确的危险判断。此外，制动预警启动时两车即将相撞，实际上该模型的制动预警只能减轻碰撞后果而不能避免追尾碰撞。

4. 全工况模型

全工况模型在经典模型的基础上进行改进，考虑了所有工况的追尾碰撞可能，适用性较强，有较好的实际意义。图 2-5 所示是本车与前车的相对位置示意图。图中 X_1 为本车行驶的距离；X_2 为前车行驶的距离；D_0 为刹停距离；D 为刹车前车距。

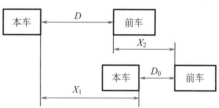

图 2-5　本车与前车的相对位置示意图

预警距离为

$$D_w = X_1 + D_0 - X_2 \tag{2-6}$$

预警距离的计算分三种工况：前车静止工况、前车匀速或加速工况以及前车减速工况。

（1）前车静止工况　当前车处于静止工况时，即 $X_2 = 0$，X_1 则为本车由初始速度减速到停止滑行的距离。预警距离为

$$D_w = v_1\left(t_h + t_a + \frac{t_s}{2}\right) + \frac{v_1^2}{2a_1} + D_0 \tag{2-7}$$

式中，t_h 为驾驶员反应时间；t_a 为制动协调时间；t_s 为制动减速度增长时间。

（2）前车匀速或加速工况　当前车处于匀速或加速工况时，本车速度必须大于前车速度才有可能发生碰撞。因此，两车间的最危险时刻是本车的速度减小至与前车同速时，如图 2-6 所示。如果在两车速度相等的时刻还没有发生碰撞事故，之后就不再可能发生碰撞事故了。因为最危险时刻以后，前车继续保持匀速或加速行驶，而本车仍在做减速运动，两车间距将变得越来越大，因此只需保证两车速度相等时不发生碰撞，

整个过程就能保证绝对安全。同时，为了保持谨慎预警车距，把前车加速工况的预警距离直接合并到前车匀速工况中，即两种工况共用前车匀速工况的预警距离。

从开始制动到完全停止，本车行驶的距离为

$$X_1 = v_1\left(t_h + t_a + \frac{t_s}{2}\right) + \frac{v_1^2 - v_2^2}{2a_1} \tag{2-8}$$

前车行驶的距离为

$$X_2 = v_2\left(t_h + t_a + \frac{t_s}{2}\right) + \frac{v_2(v_1 - v_2)}{a_1} \tag{2-9}$$

预警距离为

$$D_w = v_{rel}\left(t_h + t_a + \frac{t_s}{2}\right) + \frac{v_1^2 - v_2^2}{2a_1} - v_2\frac{v_{rel}}{a_1} + D_0 \tag{2-10}$$

（3）前车减速工况　前车减速工况又可以分为三种情况：前车先停止，本车后停止；本车和前车同时停止；本车先停止，前车后停止。

① **前车先停止，本车后停止**。该工况下，两车间的最危险时刻为本车停止的时刻，如图 2-7 所示。

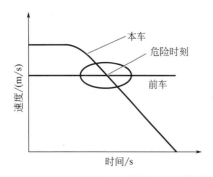

图 2-6　前车匀速运动时的速度－时间图

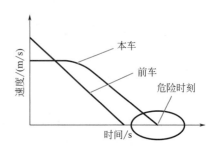

图 2-7　前车先停止时的速度－时间图

② **本车和前车同时停止**。该工况下，两车间的最危险时刻为两车停止的时刻，如图 2-8 所示。

③ **本车先停止，前车后停止**。该工况下，两车间的最危险时刻本应为本车减速到与前车速度相同的时刻，在能保证绝对安全的条件下，为简化计算，把最危险时刻确定为前车停止的时刻，如图 2-9 所示。

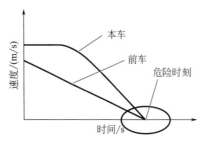

图 2-8　两车同时停止时的速度－时间图

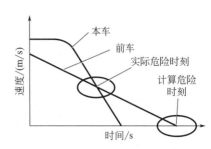

图 2-9　本车先停止时的速度－时间图

在这三种工况下，前车都制动至停止，本车也从某一速度采取制动至停止，所以，这三种工况在计算方法上都可简化为同一种。

在前车减速工况下，本车行驶的距离为

$$X_1 = v_1\left(t_h + t_a + \frac{t_s}{2}\right) + \frac{v_1^2}{2a_1}$$ （2-11）

前车行驶的距离为

$$X_2 = \frac{v_2^2}{2a_2} + \frac{v_2}{2}t_s$$ （2-12）

预警距离为

$$D_w = v_1(t_h + t_a) + v_{rel}\frac{t_s}{2} + \frac{v_1^2}{2a_1} - \frac{v_2^2}{2a_2} + D_0$$ （2-13）

为了计算预警距离，需要确定 a_1、a_2、t_h、t_a、t_s、D_0 的值。

① a_1、a_2 值的确定。a_1、a_2 值的大小对预警距离的计算有很大影响。汽车制动减速度随轮胎类型、车辆的装载情况和路面附着条件的不同而不同。在实际的行车过程中，前车为主动制动，后车为被动制动，后车制动的减速度一般会大于前车制动的减速度。制动减速度主要取决于路面的附着系数，为了简化计算，同一路面上前后行驶的两车的减速度均按最大制动减速度选取，且取相同的值。在干燥沥青 / 水泥路面，取 6.0m/s²；在潮湿沥青 / 水泥路面，取 5.0m/s²；在冰雪路面，取 3.0m/s²。

② t_h、t_a、t_s 值的确定。t_h 是驾驶员反应时间，驾驶员反应时间的准确性对系统模型非常重要。若反应时间选取过长，则预警距离的计算值偏大，会造成过多的虚预警，使驾驶员对预警系统产生厌烦感；若反应时间选取过短，则会导致系统的安全保障能力下降，不能完全避免事故的发生。由于驾驶员个体年龄、性别、情绪和反应能力等生理及心理素质因人而异、因时而异，再加上车速、目标物的大小和状态等多种外在因素的影响，驾驶员反应时间是一个很不确定的值。大量实验资料表明，驾驶员反应时间一般为 0.6 ～ 1.0s。t_a 是制动协调时间，与车辆采取的制动结构及制动方式有关，针对液压制动，取 0.1s。t_s 是制动减速度增长时间，通常取 0.2s。

③ 刹停距离 D_0 的确定。为了保证绝对安全，本车从采取制动至完全停车后，两车之间应保持一定的距离。该值选取越大，系统的虚报率越高；选取越小，系统的安全保障能力越小，一般取 2 ～ 5m。

5. 标准中推荐的预警模型

《智能运输系统　车辆前向碰撞预警系统　性能要求和测试规程》（GB/T 33577—2017）中推荐了预警距离模型。

预警距离的计算原理如图 2-10 所示。

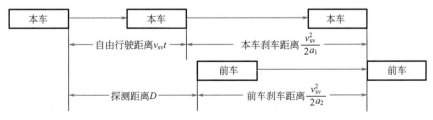

图 2-10　预警距离的计算原理

预警模型是基于前车和本车车速计算出预警距离，并与测量的实际距离对比，如果预警距离超过了实际距离就向驾驶员预警。由图 2-10 可得预警距离为

$$D = v_{sv}t + \left(\frac{v_{sv}^2}{2a_1} - \frac{v_{tv}^2}{2a_2} \right) \tag{2-14}$$

式中，D 为预警距离；v_{sv} 为本车车速；v_{tv} 为前车车速；t 为驾驶员对预警的反应时间；a_1 为本车减速度；a_2 为前车减速度。

当前车与本车车速相等时，预警距离为

$$D_1 = v_{sv}t \tag{2-15}$$

当前车静止时，预警距离为

$$D_2 = v_r t + \frac{v_r^2}{2a_1} \tag{2-16}$$

式中，v_r 为相对速度。

当前车减速行驶时，假设前车与本车的减速度相等，即 $a_1 = a_2 = a$，则预警距离为

$$D_3 = v_{sv}\left(t + \frac{v_r}{a} \right) - \frac{v_r^2}{2a} \tag{2-17}$$

假设驾驶员对预警的反应时间为 0.8s，本车的减速度为 6.67m/s²，则最短预警距离为

$$D_{min} = \frac{v_r^2}{2 \times (6.67 - a_2)} + 0.8v_r \tag{2-18}$$

二、预警功能

前向碰撞预警系统可以提供两种不同预警内容：预备碰撞预警及碰撞预警。

预备碰撞预警的目的是告知驾驶员前方存在障碍车辆，在这种情况下驾驶员应准备采取必要措施避免碰撞；碰撞预警的目的是告知驾驶员应采取必要措施避免碰撞。

预警方式可选择单独或综合使用视觉、听觉和触觉方式。碰撞预警中，在使用视觉预警方式告知驾驶员的同时，必须使用听觉和/或触觉预警方式告知驾驶员。

预警应由以下因素决定：本车和障碍车辆之间的相对速度、车间距离、本车车速、驾驶员对预警的反应时间以及本车与障碍车辆可能存在的制动减速度。

当本车正在接近障碍车辆时，预警距离由特定参数的阈值决定，如距离碰撞时间。距离碰撞时间 t_T 为

$$t_T = -\frac{x_c(t)}{v_r(t)} \tag{2-19}$$

式中，$x_c(t)$ 为车间距离。

预备碰撞预警和碰撞预警的预警特征见表 2-2。

表 2-2　预备碰撞预警和碰撞预警的预警特征

预警类型	视觉预警特征	听觉预警特征
碰撞预警	颜色：红色 位置：主视前方 亮度：高亮 间歇：建议使用短间隔式间歇	音量：应高于车内其他所有听觉预警 音调：应容易听到且与车内其他不相关的预警易区分 间歇：建议使用短间隔式间歇
预备碰撞预警	颜色：黄色或黄褐色 亮度：日间足够亮，夜晚不刺眼 间歇：持续预警或长间隔式间歇	音量：应超过背景杂音 音调：应不使人厌烦 间歇：建议持续预警，长间隔式间歇，单一声音或语言提醒

三、预警因素要求

预警因素要求包括预警形式、要求减速度的阈值、响应时间以及不预警条件。

1. 预警形式

前向碰撞预警系统的预警形式应满足以下要求。

① 碰撞预警应包含一种视觉预警及一种听觉与/或触觉预警，其中触觉预警可以采用安全带预警的方式实现。

② 预备碰撞预警应包含视觉或听觉或两者组合的预警，可以选择触觉预警作为补充。

③ 如果本车驾驶员正在采取制动操作，建议不要采取制动预警的形式向驾驶员预警。

④ 如果本车正在自动施加制动力，碰撞预警及预备碰撞预警中可以采取制动预警。

⑤ 制动预警的持续时间应不超过 1s，所产生的减速度应不超过 $0.5g$（$g=9.8\text{m/s}^2$），该预警过程中所产生的车速下降范围应不超过 2m/s。同时，为保证制动预警的有效性，应满足平均减速度不低于 $0.1g$、持续时间不低于 100ms 的要求。

⑥ 听觉预警提示音量应大小合理、清晰可辨，应可以与前撞危险不相关的其他预警（如横向危险预警）区分。

2. 要求减速度的阈值

要求减速度是指能够使本车恰好达到与目标车辆相等的车速，且不发生碰撞所需要的最小减速度，计算公式为

$$a_{\text{req}} = a_1 + \frac{v_r^2(t)}{2 \times [x_c(t) - x_r(t)]} \tag{2-20}$$

式中，a_{req} 为要求减速度；a_1 为目标车辆的加速度；$x_c(t)$ 为车间距离；$x_r(t)$ 为由驾驶员对预警的反应时间而造成的车间距离减少量的总和。

前向碰撞预警系统涉及的要求减速度的阈值应满足以下要求。

① 若要求减速度大于其阈值范围，前向碰撞预警系统应发出碰撞预警，在干燥路面及温暖气候条件下，要求减速度阈值应不大于 $0.68g$。

② 若前向碰撞预警系统的预警时机可以由驾驶员进行调整，则其中至少应有一种设置能够满足上面关于要求减速度的阈值要求。

③ 当要求减速度的阈值较小时，前向碰撞预警系统可以发出预备碰撞预警。

④ 碰撞预警及预备碰撞预警的要求减速度的阈值可以根据道路条件、环境、驾驶

员状态、驾驶员特性及不同的驾驶场景调整。

3．响应时间

前向碰撞预警系统涉及的响应时间的取值应满足以下要求。

① 在预警范围的计算中，应考虑驾驶员对预警的反应时间，该值不小于0.8s。

② 在要求减速度的计算中，应考虑制动系统响应时间，制动系统响应时间由系统设计者选择。

③ 若本车驾驶员正在制动，驾驶员对预警的反应时间及制动系统响应时间应被设置为0。

4．不预警条件

前向碰撞预警系统应在以下条件下抑制或延迟预警。

① 如本车减速度大于或等于要求减速度的阈值，前向碰撞预警系统不应发出任何预警。

② 在满足表2-1中定义的曲率半径的道路上，前向碰撞预警系统不应对不在本车车道内的前车发出任何预警。

③ 若前车切入本车前方且车速高于本车，建议前向碰撞预警系统不发出任何预警。

④ 若本车驾驶员正在制动，前向碰撞预警系统可以抑制或延迟预警。

⑤ 若距离碰撞时间大于4.0s，前向碰撞预警系统可以抑制或延迟预警。

⑥ 若本车正在换道或正在进行高动态的操纵行为，或者本车驾驶员正在通过加大油门来抑制车辆的驾驶辅助系统主动实施的制动力，或者自适应巡航控制系统正在施加最大的制动预警，前向碰撞预警系统可以抑制或延迟预警。

⑦ 若驾驶工况不满足工作限制条件，前向碰撞预警系统可以抑制或延迟预警。

第四节　前向碰撞预警系统的检测区域

一、最小检测区域

最小检测区域示意图如图2-11所示。图2-11中，d_0 为不具备距离测量能力时的最小可检测距离；d_1 为具备距离测量能力时的最小可检测距离；d_2 为对切入车辆（具有20%横向偏移量的前车）的最小检测距离；d_{max} 为最大可检测距离；h 为最高可检测离地高度；h_1 为最低可检测离地高度；W_L 为车道宽度；W_V 为本车宽度。

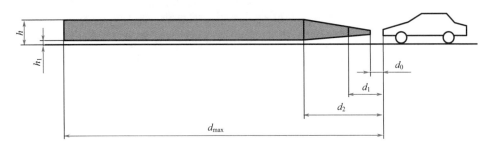

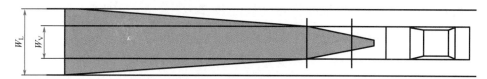

图 2-11　最小检测区域示意图

二、检测距离

检测距离要求见表 2-3。表 2-3 中，$v_{\text{max\_rel}}$ 为系统工作时的最大相对车速；v_{min} 为系统工作时的最低车速；t_{max} 为预警后驾驶员的最长制动反应时间，可取 1.5s；t_{min} 为预警后驾驶员的最短制动反应时间，可取 0.4s；a_{min} 为本车满载充分制动时所能达到的最小减速度，可取 3.6m/s²。这些参数为设计参数，由车辆制造商进行设计。

表 2-3　检测距离要求

距离	公式或值	含义
d_{max}	$v_{\text{max\_rel}}t_{\text{max}}+\dfrac{v^2_{\text{max\_rel}}}{2a_{\text{min}}}$	最大可检测距离
d_2	Ⅰ 型系统：$\leqslant$ 10m Ⅱ 型系统：$\leqslant$ 7.5m Ⅲ 型系统：$\leqslant$ 5m	对具有 20% 横向偏移量的前车的最小检测距离
d_1	$v_{\text{min}}t_{\text{min}}$	系统具备距离测量能力时的最小检测距离
d_0	$\leqslant$ 2m	系统不具备距离测量能力时的最小可检测距离

三、检测宽度和高度

检测宽度和高度要求见表 2-4。

表 2-4　检测宽度和高度要求

距离	最小检测宽度	最小检测高度
d_{max}	W_{L}	h_1=0.2m, h=1.1m
d_2	W_{v}	h_1=0.2m, h=1.1m
d_1	无特定要求	无特定要求
d_0	无特定要求	无特定要求

四、水平弯道上的检测范围

水平弯道上的检测范围根据弯道半径而定，能够进行弯道障碍物识别的前向碰撞预警系统在弯道上的检测范围如图 2-12 所示。图 2-12 中，R 为道路曲率半径；D 为障碍物距离；W_L 为车道宽度；θ 为最大检测角度。

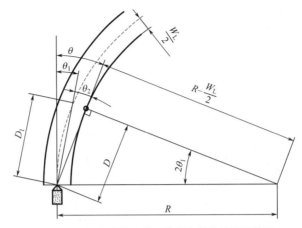

图 2-12　前向碰撞预警系统在弯道上的检测范围

由图 2-12 中可知障碍物距离 D 为

$$D = \left(RW_L - \frac{W_L^2}{4} \right)^{0.5}$$（2-21）

辅助计算量 D_1 为

$$D_1 = \left(D^2 + \frac{W_L^2}{4} \right)^{0.5}$$（2-22）

辅助计算量 θ_1 为

$$\theta_1 = \frac{90D_1}{\pi R}$$（2-23）

辅助计算量 θ_2 为

$$\theta_2 = \arctan \frac{W_L}{2D}$$（2-24）

最大检测角度 θ 为

$$\theta = \theta_1 + \theta_2$$（2-25）

第五节　前向碰撞预警系统的测试

一、测试环境

测试环境应满足以下要求。

① 测试应在干燥、平坦的沥青路面或者水泥混凝土路面上进行。

② 温度应为 −20 ～ 40℃。

③ 水平能见度应大于 1km。

④ 测试可在日光条件下进行。

二、检测区域的测试

检测区域的理想测试方法为动态测试，但静态测试方法可作为一种选择。检测区域测试如图2-13所示，测试按以下要求进行。

① 系统应检测位于 d_0 和 d_1 间任意位置的测试目标，d_0 和 d_1 间不需要进行距离测量。

② 系统应检测位于 d_1 和 d_2 间任意位置的测试目标，d_1 和 d_2 间需要进行距离测量。

③ 系统应检测位于 d_2 和 d_{max} 处的两个测试目标，测试过程依次进行。

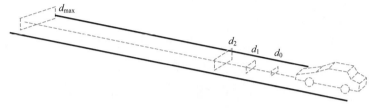

图2-13　检测区域的测试

三、预警距离范围和精度的测试

1. 预警距离范围测试

目标车辆与本车在同一直线车道上行驶，目标车辆车速控制为（8±1）m/s，本车车速控制为（20±2）m/s。发出预警时的车距应大于等于计算得到的最短预警距离。

2. 预警距离精度测试

预警距离精度测试如图2-14所示，1代表本车，2代表目标车辆，t_0 为参考时刻，t_1 为预警时刻。该测试需要在车辆行驶过程中进行，目标车辆需要在检测区域内。当本车以速度 $v=20$m/s 朝目标车辆行驶时，需要测量两个时刻，第一个时刻为本车和目标车辆的车间距离为 d 的时刻 t_0，第二个时刻为预警时刻 t_1，故预警距离的计算公式为 $D=d-v(t_1-t_0)$。用该计算结果与制造商所设定的预警距离进行比较，在重复性测试中，预警距离精度需在70%以上次数的测试中达到规定的要求，即预警距离的误差应在 ±2m 或 ±15% 范围之内。

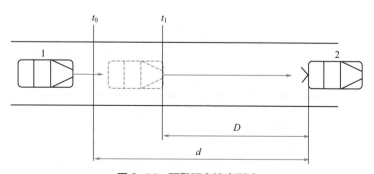

图2-14　预警距离精度测试

四、目标辨识能力的测试

测试需要在车辆行驶过程中进行，当本车发出预警时测试结束。该测试还应该测试出系统能够避免发生误预警的能力。

目标辨识能力的测试包括纵向目标辨识能力的测试和侧向目标辨识能力的测试。

1. 纵向目标辨识能力的测试

纵向目标分为单目标和多目标，单目标又分为静止前车、减速行驶前车和恒速行驶前车。

（1）纵向单目标辨识能力的测试

① 纵向静止前车辨识能力测试如图 2-15 所示，前车停在车道中心，纵轴方向与道路边缘平行，且前车与本车朝向一致，本车向前车尾部接近。本车以额定速度 20m/s 在车道中心朝前车行驶，系统应能够在 t_T 最小为 2.1s 时发出预警。当本车距离前车 150m 时试验开始，下面任意一种情况发生时，测试结束：系统发出预警；t_T 降至小于系统预警最小允许值的 90%。

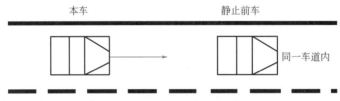

图 2-15　纵向静止前车辨识能力测试

② 纵向减速行驶前车辨识能力测试如图 2-16 所示，本车和前车以 20m/s 的恒定速度在平直车道中间行驶，在前车开始制动前，本车与前车间距离保持在 30m。前车以 0.3g 的恒定减速度进行制动，系统应能够在 t_T 最小为 2.4s 时发出预警。当下面任意一种情况发生时，测试结束：系统发出预警；t_T 降至小于系统预警最小允许值的 90%。

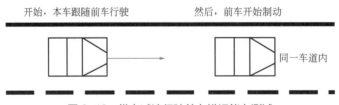

图 2-16　纵向减速行驶前车辨识能力测试

③ 纵向低速行驶前车辨识能力测试如图 2-17 所示，前车以 9m/s 的恒定速度沿车道中心行驶，本车以 20m/s 的恒定速度在车道中心朝低速行驶的前车行驶，系统应能

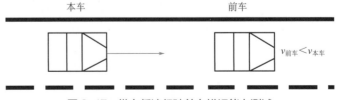

图 2-17　纵向低速行驶前车辨识能力测试

够在 t_T 最小为 2s 时发出预警。当本车距离前车 150m 时试验开始，下面任意一种情况发生时，测试结束：系统发出预警；t_T 降至小于系统预警最小允许值的 90%。

（2）**纵向多目标辨识能力的测试**　如图 2-18 所示，1 代表本车，2 代表目标车辆，3 代表障碍车辆。目标车辆和障碍车辆在检测区域中以相同速度 20m/s 行驶，本车以 20m/s 的车速在正后方尾随行驶。目标车辆和障碍车辆的车头时距（用时间表示的在同一路径上行驶的两车之间的距离，两车的车间距离除以本车速度得到车头时距）应为 （0.6±0.1）s，且距离本车较近的目标车辆不能遮挡距离较远的障碍车辆。本车和距离较近的目标车辆的车头时距应大于 1.5s。本车加速至系统发出碰撞预警，然后本车开始减速使两车车头时距大于 1.5s，再次以相同的车速跟随目标车辆，以该速度保持匀速行驶。几秒后，距离较近的目标车辆开始减速，使本车再次发出碰撞预警。本车开始预警时测试结束。

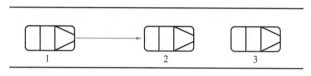

图 2-18　纵向多目标辨识能力测试

2. 侧向目标辨识能力测试

侧向目标辨识能力测试分为直道侧向目标辨识能力测试和弯道侧向目标辨识能力测试。

（1）**直道侧向目标辨识能力测试**　直道侧向目标辨识能力测试如图 2-19 所示，1 代表本车，2 代表邻车道前车，3 代表目标车辆。本车和目标车辆以相同的速度 20m/s 行驶，且车间距离不会触发预警，一辆前车以相同速度在目标车辆相邻车道行驶。前车与目标车辆的纵轴间距为 （3.5±0.25）m，车宽应为 1.4～2m，本车纵轴相对于目标车辆纵轴横向位移应小于 0.5m。几秒后，相邻车道的前车减速至明显低于本车与目标车辆的速度，在本车超过相邻车道前车时系统不应发出预警，然后目标车辆减速至系统能发出预备碰撞预警的速度。当本车开始预警时测试结束。

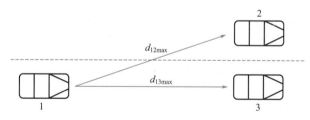

图 2-19　直道侧向目标辨识能力测试

（2）**弯道侧向目标辨识能力测试**　弯道侧向目标辨识能力测试需要在弯道上进行，测试场地需足够长，且对 Ⅰ 型系统需包括半径≤500m 的弯道，对 Ⅱ 型系统需包括半径≤250m 的弯道，对 Ⅲ 型系统需包括半径≤125m 的弯道。弯道侧向目标辨识能力测试如图 2-20 所示，1 代表本车，2 代表邻车道前车，3 代表目标车辆。本车和目标车辆以相同速度在同一车道内同向行驶，且车间距离不会触发预警。测试开始时测试车辆的初始速度为

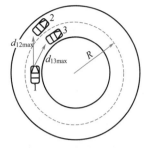

$$v_0 = \min\left[(a_{max}R)^{\frac{1}{2}}, v_{max}\right] \pm 1 \qquad (2\text{-}26)$$

式中，v_0 为弯道目标检测能力测试开始时车辆的速度；v_{max} 为系统工作时的最高车速；a_{max} 为弯道上允许的最大侧向加速度；R 为弯道半径。

Ⅰ型系统取 a_{max}=2m/s^2；Ⅱ型系统和Ⅲ型系统取 a_{max}=2.3m/s^2。

图 2-20　弯道侧向目标辨识能力测试

本书介绍的各种先进驾驶辅助系统的测试方法仅供参考，具体的测试方法应以相关国家标准或企业标准规定的方法为准。

第六节　前向碰撞预警系统的仿真实例

【例 2-1】

利用毫米波雷达对前向碰撞预警系统进行仿真。驾驶场景为前向碰撞预警场景，包括一辆移动的本车和一辆停在道路 200m 处的目标车辆；本车在制动前的初始速度为 100km/h，减速度为 3m/s^2；本车在目标车辆后保险杠前 1m 完全停止。本车采样毫米波雷达检测前方车辆。毫米波雷达安装在本车的前保险杠上，离地面 0.2m，方位角为 20°，角度分辨率为 4°；其最大测量距离为 100m，距离分辨率为 2.5m。

解： 在 MATLAB 编辑器窗口输入以下程序。

1	initialDist=200;	% 初始距离
2	initialSpeed=100;	% 初始速度
3	brakeAccel=3;	% 减速度
4	finalDist=1;	% 终了距离
5	[scenario egoCar]=helperCreateSensorDemoScenario（'FCW',initialDist, ... 　　　initialSpeed,brakeAccel,finalDist）;	% 创建驾驶场景
6	radarSensor=radarDetectionGenerator（'SensorIndex',1,'UpdateInterval',0.1,... 　　　'SensorLocation',[egoCar.Wheelbase+egoCar.FrontOverhang,0],... 　　　'Height',0.2,'FieldOfView',[20,5],'MaxRange',100,'AzimuthResolution',4,... 　　　'RangeResolution',2.5,'ActorProfiles',actorProfiles（scenario））;	% 创建雷达检测器
7	[bep,figScene]=helperCreateSensorDemoDisplay（scenario,egoCar,radarSensor）;	%FCW 场景显示
8	metrics=struct;	% 结构初始化
9	while advance（scenario）	% 场景循环
10	gTruth=targetPoses（egoCar）;	% 目标姿态
11	time=scenario.SimulationTime;	% 雷达检测时间戳
12	[dets, ～ ,isValidTime]=radarSensor（gTruth,time）;	% 雷达检测
13	if isValidTime	% 如果时间有效
14	helperUpdateSensorDemoDisplay（bep,egoCar,radarSensor,dets）;	% 更新场景显示
15	metrics=helperCollectScenarioMetrics（metrics,gTruth,dets）;	% 收集数据
16	end	% 结束
17	helperPublishSnapshot（figScene,time>=9.1）;	% 拍摄快照
18	end	% 结束

输出结果如图 2-21 所示，可以看到驾驶场景中汽车的运动和检测，本车在目标车辆后保险杠前 1m 完全停止。

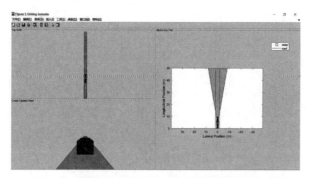

图 2-21　基于毫米波雷达的前向碰撞预警系统仿真

【例 2-2】

利用视觉传感器对前向碰撞预警系统进行仿真。驾驶场景为前向碰撞预警场景，包括一辆移动的本车和一辆停在道路 100m 处的目标车辆；本车在制动前的初始速度为 80km/h，减速度为 3m/s²；本车在目标车辆后保险杠前 1m 完全停止。视觉传感器安装在车辆的前风挡玻璃上，离地 1.1m，向道路倾斜 1°，采样时间为 0.1s；摄像头有 480×640 像素的成像阵列和 800 像素的焦距；摄像头可以在单个图像中定位物体，精度为 5 像素，最大探测范围为 150m。

解：在 MATLAB 编辑器窗口输入以下程序。

1	initialDist=100;	% 初始距离
2	initialSpeed=80;	% 初始速度
3	brakeAccel=3;	% 减速度
4	finalDist=1;	% 终了距离
5	[scenario,egoCar]=helperCreateSensorDemoScenario（'FCW',initialDist, ... 　　initialSpeed,brakeAccel,finalDist）;	% 创建驾驶场景
6	visionSensor=visionDetectionGenerator（'SensorIndex',1,... 　　'UpdateInterval',0.1,'SensorLocation',[0.75*egoCar.Wheelbase,0], ... 'Height',1.1,'Pitch',1,'Intrinsics',cameraIntrinsics（800,[320,240], [480,640]）,... 　　'BoundingBoxAccuracy',5,'MaxRange',150, ... 　　'ActorProfiles',actorProfiles（scenario）);	% 创建视觉检测器
7	[bep,figScene]=helperCreateSensorDemoDisplay（scenario, ... 　　egoCar,visionSensor）;	%FCW 场景显示
8	metrics=struct;	% 结构初始化
9	while advance（scenario）	% 场景循环
10	gTruth=targetPoses（egoCar）;	% 目标姿态
11	time=scenario.SimulationTime;	% 摄像头检测时间戳
12	[dets, ～ ,isValidTime]=visionSensor（gTruth,time）;	% 摄像头检测
13	if isValidTime	% 如果时间有效
14	helperUpdateSensorDemoDisplay（bep,egoCar,visionSensor,dets）;	% 更新场景显示
15	metrics=helperCollectScenarioMetrics（metrics,gTruth,dets）;	% 收集数据
16	end	% 结束
17	helperPublishSnapshot（figScene,time>=6）;	% 拍摄快照
18	end	% 结束

输出结果如图 2-22 所示，可以看到驾驶场景中汽车的运动和检测，本车在目标车辆后保险杠前 1m 完全停止。

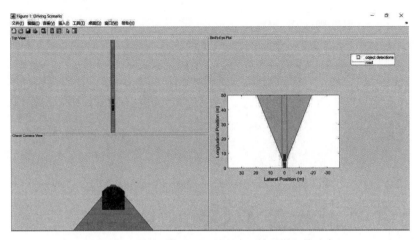

图 2-22　基于视觉传感器的前向碰撞预警系统仿真

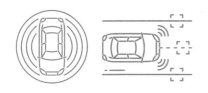

第三章
车道偏离预警系统

第一节　车道偏离预警系统的定义与组成

一、车道偏离预警系统的定义

车道偏离预警（Lane Departure Warning，LDW）系统实时监测车辆在本车道的行驶状态，并在出现或即将出现非驾驶意愿的车道偏离时发出警告信息。车道偏离预警系统根据前方道路环境和本车与车道线位置关系，判断车辆偏离车道的行为并对驾驶员进行及时提醒，从而防止由于驾驶员疏忽造成的车道偏离事故的发生。它通过传感器（如视觉传感器）获取前方道路信息，结合车辆自身的行驶状态以及预警时间等相关参数，判断汽车是否有偏离当前所处车道的趋势。如果车辆即将发生偏离，并且在驾驶员没有打转向灯的情况下，则通过视觉、听觉或触觉的方式向驾驶员发出警报，如图 3-1 所示。

图 3-1　车道偏离预警系统

车道偏离预警系统可以在行车的全程自动或手动开启，以监控汽车行驶的轨迹。

预警信号有仪表盘警示图标、语言提示、座椅或者转向盘振动等。

二、车道偏离预警系统的类型

车道偏离预警系统的类型见表3-1，系统应至少在其中一种弯道曲率条件下预警。

表 3-1　车道偏离预警系统的类型

参数	类型	
	Ⅰ类	Ⅱ类
曲率半径 /m	≥ 500	≥ 250
行驶速度 / (m/s)	≥ 20	≥ 17

三、车道偏离预警系统的组成

车道偏离预警系统主要由信息采集单元、电子控制单元和人机交互单元等组成，如图3-2所示。在该系统中，所有的信息均以数字信号的形式进行传递，通过汽车总线技术实现。

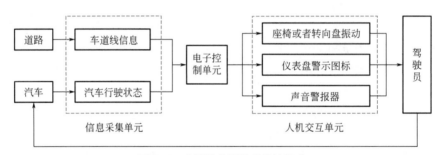

图 3-2　车道偏离预警系统的组成

1. 信息采集单元

信息采集单元主要用于实现车道线信息和汽车自身行驶状态信息的采集。针对不同的道路条件和传感器类型，可采用不同的车道线检测方式，采用视觉传感器定位的方式应用得较为广泛。汽车自身行驶状态采集的信息主要包括车速、加速度和转向角等数据。在完成所有信息数据的采集后，信息采集单元需对数据进行模数转换，并传输给电子控制单元。

2. 电子控制单元

电子控制单元是整个系统的核心部分，需要对所有的数据进行集中处理。在处理车道线信息时，由于传感器存在测量误差，因此需要对其进行误差修正，最后综合判断汽车是否存在非正常偏离车道的现象，如果发生非正常偏离，就发出预警信息。

3. 人机交互单元

人机交互单元通过仪表显示界面、语音提示、座椅或转向盘振动等一种或多种方式向驾驶员提示系统当前的状态，当车辆偏离车道时，提醒驾驶员及时修正行驶方向，并可以根据偏离量的大小实现不同程度的预警效果。

第二节　车道偏离预警系统的工作原理与要求

一、车道偏离预警系统的工作原理

当车道偏离预警系统正常工作时，信息采集单元将采集车道线位置、车速、转向角等信息，电子控制单元将所有的数据转换到统一的坐标系下进行分析处理，从而获得汽车在当前车道中的位置参数，并判定汽车是否发生非正常的车道偏离。当检测到在未开启转向灯的情况下，汽车距离当前车道线过近并有可能偏入临近车道时，人机交互单元就会通过座椅或转向盘振动、仪表盘警示图标以及声音警报器等方式发出警告，提醒驾驶员注意纠正这种无意识的车道偏离，及时回到当前行驶车道上，从而尽可能地减少车道偏离事故的发生。为了能够给驾驶员提供更多的反应时间和操控时间，车道偏离预警系统需要在偏离车道线之前发出提示。如果驾驶员打开转向灯，正常进行变道行驶，则车道偏离预警系统不会做出任何提示。

车道偏离预警系统的功能构成如图 3-3 所示，其中抑制请求、车速测量、驾驶员优先选择以及其他附加功能是可选的。

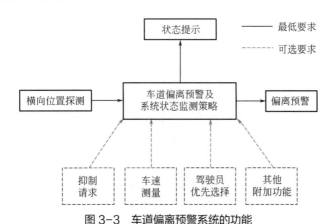

图 3-3　车道偏离预警系统的功能

抑制请求是指当探测到驾驶员有意要偏离车道时，能根据驾驶员请求或系统功能而禁止系统发出预警的能力；偏离预警是指在没有抑制请求的前提下，因满足车道偏离预警条件而向驾驶员发出的预警；状态提示是对系统当前所处状态的提示，如开或关、故障以及失效等。

基于视觉传感器的车道偏离预警系统的工作原理如图 3-4 所示。该系统使用车载视觉传感器对行驶车道进行拍摄，并将获得的图像信息输入电子控制单元，辨识并处理图像信息；根据识别到的车道线，判断汽车在这一时刻是否已经偏离正常的车道，若存在车道偏离现象，则发出预警信息，驾驶员纠正偏离车道的汽车。

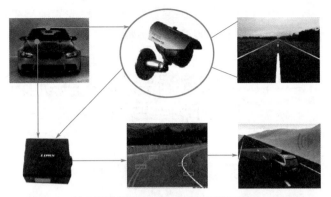

图 3-4　基于视觉传感器的车道偏离预警系统的工作原理

二、车道偏离预警系统的要求

车道偏离预警系统的要求包括基本要求、操作要求、人机交互要求以及可选功能要求。

1. 基本要求

车道偏离预警系统至少应具有下列功能。

① 监测系统状态，包括系统故障、系统失效以及系统的开 / 关状态（如果有开关）。

② 向驾驶员提示系统当前的状态。

③ 探测车辆相对车道边界的横向位置。

④ 判断是否满足预警条件。

⑤ 发出预警。

2. 操作要求

车道偏离预警系统应满足以下操作要求。

① 当满足预警条件时，系统应自动发出预警提醒驾驶员。

② 乘用车最迟预警线位于车道边界外侧 0.3m 处；商用车最迟预警线位于车道边界外侧 1m 处。

③ 最早预警线在车道内的位置如图 3-5 及表 3-2 所示。图 3-5 中，D 为车道边界内的最大距离，v 为偏离速度。

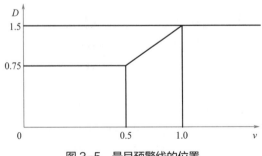

图 3-5　最早预警线的位置

表 3-2 最早预警线的位置

偏离速度 /（m/s）	车道边界内的最大距离 /m
$0 < v \leqslant 0.5$	0.75
$0.5 < v \leqslant 1.0$	$1.5v$
$v > 1.0$	1.5

④ 当车辆处于预警临界线附近时，系统应持续预警。

⑤ 尽可能减少虚警的发生。

⑥ Ⅰ类系统应在车速大于或等于 20m/s 时正常运行，Ⅱ类系统应在车速大于或等于 17m/s 时正常运行，系统也可以在更低车速下运行。

3. 人机交互要求

车道偏离预警系统应满足以下人机交互要求。

① 系统应提供一种易被感知的触觉预警和（或）听觉预警。

② 如果车辆同时配备了其他预警系统，如前向碰撞预警系统，则车道偏离预警系统应单独或组合使用触觉、听觉或视觉方式为驾驶员提供清晰可辨的预警。

③ 应向驾驶员提示系统的状态，向驾驶员提示的系统状态信息应让驾驶员比较容易理解，如果系统在启动阶段或运行过程中出现故障，或在工作过程中检测到系统失效，应及时通知驾驶员；若用符号进行驾驶员信息提示，应采用标准符号。

4. 可选功能要求

车道偏离预警系统应满足以下可选功能要求。

① 系统可配备开 / 关装置，以便驾驶员随时操作。

② 系统可检测抑制请求信号以尽可能减少不必要的预警。例如，当驾驶员正在进行转向、制动或其他更高优先级的操作如避撞操作时，系统抑制请求生效。

③ 当预警被抑制时，系统可通知驾驶员。

④ 系统可对本车速度进行测量以便为其他功能提供支持，例如，当本车速度低于规定的最低车速时抑制预警。

⑤ 当仅在车道的其中一侧存在可见标线时，系统可以利用默认车道宽度在车道的另一侧建立虚拟标线进行预警，或者直接提示驾驶员系统失效。

⑥ 预警临界线的位置可在预警临界线设置区域内调整。

⑦ 弯道行驶过程中，考虑到弯道切入操作行为，系统会将预警临界线位置外移，但决不可越过最迟预警线。

⑧ 若仅采用触觉预警和（或）听觉预警方式，则预警可被设计为具有车辆偏离方式提示的功能，如可采用声源位置和运动方向等手段，否则，就需要利用视觉信息以辅助预警。

⑨ 系统可抑制附加的预警，以避免因预警信息过多而烦扰驾驶员。

第三节 车道偏离预警系统的算法

一、CCP 算法

汽车当前位置（Car's Current Position，CCP）算法根据汽车在所行驶的车道中的当前位置信息来判断偏离车道的程度，即通过车道线检测算法计算出汽车外侧与车道线的距离信息来判断是否预警。CCP 算法示意图如图 3-6 所示，L_1 为汽车左外侧至左侧车道线的距离，L_r 为汽车右外侧至右侧车道线的距离，L_t 为汽车中轴线至车道中轴线之间的距离，d 为车道宽度，b 为汽车宽度。

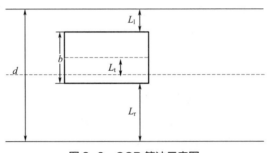

图 3-6 CCP 算法示意图

假设汽车中轴线平行于车道中轴线，则汽车左右外侧至左右车道线的距离分别为

$$L_1 = \frac{d}{2} - \left(\frac{b}{2} + L_t \right)$$
$$L_r = \frac{d}{2} - \left(\frac{b}{2} - L_t \right)$$

(3-1)

当 $L_1 > 0$ 且 $L_r > 0$ 时，表明汽车保持在行驶车道内，系统不需要预警；当 $L_1 < 0$ 或 $L_r < 0$ 时，表明汽车偏离车道，系统发出预警提示。

CCP 算法根据汽车所在车道中的相对位置来判断是否发生偏离，由于该算法是根据汽车当前的实时位置进行判断，如果触发警告阈值距离设置过大，则会干扰驾驶员的正常驾驶；如果触发警告阈值距离设置过小，则发出警告时给驾驶员预留纠正驾驶行为的时间过短。另外，CCP 算法在汽车中轴线和车道中轴线不平行时，预警效果不理想，并且该算法还要对视觉传感器进行标定以及图像重建等，增加了系统复杂性，提高了系统运算量。

二、TLC 算法

汽车跨道时间（Time to Lane Crossing，TLC）算法根据汽车当前状态，假设未来偏离过程中车速和航向角不变，预测未来汽车轨迹，计算出汽车跨越两侧车道线所需时间，该时间与设置的阈值进行对比判断出汽车的偏离状态。利用车载传感器可获取当前汽车与车道中轴线的距离 L_t，当前位置汽车行驶航向角为 θ_e。假设汽车行驶速度 v 的大小和方向保持不变，为计算出跨越时间 t，需要获取由当前位置驶出偏移方向同侧的车道边界的行驶距离 L ；汽车未来行驶过程中航向角不变，车长为 c ，车宽为 b ，车道宽为 d ，TLC 算法示意图如图 3-7 所示。

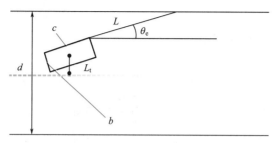

图 3-7　TLC 算法示意图

汽车高速行驶中 θ_e 较小，在计算汽车一侧至车道线距离时可近似认为汽车与车道线平行，则可计算出 L 、 t 分别为

$$L = \frac{\dfrac{d}{2} - L_t - \dfrac{b}{2}}{\sin \theta_e} \tag{3-2}$$

$$t = \frac{L}{v} \tag{3-3}$$

设 TLC 算法中确定的阈值为 T ，当 $t \leqslant T$ 时，表示汽车驶出安全区域，车道偏离预警系统应向驾驶员发出预警。

TLC 算法能够保证给驾驶员预留足够的反应时间来纠正驾驶行为，但是由于该方法一般假设汽车的速度在较短的时间内保持不变，且没有考虑汽车航向角的变化，因此，TLC 算法的误报率相对较高。

三、FOD 算法

预瞄偏移量差异（Future Offset Difference，FOD）算法在实际车道线处向外扩展一条虚拟车道线，如图 3-8 所示。该虚拟车道线是根据驾驶员在自然转向时的偏离习惯而设计的，目的是降低误报率。若驾驶员从未有过这种偏离习惯，则可将虚拟车道线与实际车道线重合。

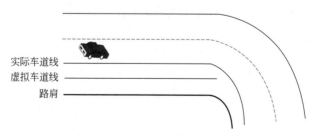

图 3-8　虚拟车道线与实际车道线

FOD 算法示意图如图 3-9 所示， t 为汽车行驶预瞄时间，可以根据驾驶员的驾驶习惯设定不同的预瞄时间； L_t' 为汽车行驶预瞄时间 t 后至车道中轴线的距离。

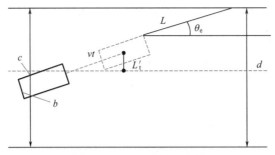

图 3-9 FOD 算法示意图

假设汽车航向角不变，行驶预瞄时间 t 后，汽车与偏移方向同侧的车道线间横向距离 L_d 为

$$\begin{cases} L_t' = vt\sin\theta_e + L_t \\ L_d = \dfrac{d}{2} - L_t' - \dfrac{b}{2} \end{cases} \tag{3-4}$$

假设预瞄位置偏移量阈值为 D，当 $L_d \leqslant D$ 时，表示汽车驶出安全区域，车道偏离预警系统应向驾驶员发出预警。

FOD 算法的中心思想是根据汽车未来几秒的运动状态来判断是否发出车道偏离预警，其优点是误报率比较低，能给驾驶员留出足够时间采取适当措施避免交通事故的发生。

除了上述三种算法，还有其他算法，如瞬时侧向位移算法、横向速度算法、边缘分布函数算法、预瞄轨迹偏离算法以及路边振动带算法等。

第四节　车道偏离预警系统的测试

一、测试环境条件

车道偏离预警系统的测试满足以下测试环境条件。
① 测试场地应为干燥平坦的沥青或混凝土路面。
② 测试温度范围为 −20 ～ 40℃。
③ 测试路面上的可见车道线应状态良好。
④ 水平能见度应大于 1km。

二、测试车道条件

测试车道的曲率半径与表 3-1 中相应类型曲率半径最小值的允许误差为 ±10%。测试车道应有足够的长度以满足最小运行速度的需要，这样车辆才能以 $0 < v \leqslant 0.8\text{m/s}$ 的偏离速度离开车道。

三、预警产生的测试

测试开始时车辆应基本处于车道中央。

当车辆进入测试车道跟踪行驶并达到稳定状态后，车辆可向弯道内侧和外侧逐渐偏离。车辆的弯道行驶速度根据系统分类选取，即 Ⅰ 型取 $20 \sim 22 \text{m/s}$，Ⅱ 型取 $17 \sim 19 \text{m/s}$。车辆应在右转弯和左转弯两种情况下，在两种偏离速度范围（$0 \sim 0.4 \text{m/s}$ 和 $0.4 \sim 0.8 \text{m/s}$）内，分别向左侧和右侧各偏离 1 次，可组合得到 8 种偏离情况。预警产生的测试见表 3-3，预警产生的测试方法如图 3-10 所示。

表 3-3　预警产生的测试

偏离速度 / （m/s）	右转弯		左转弯	
	向左偏离	向右偏离	向左偏离	向右偏离
$0 \sim 0.4$	测试 1 次	测试 1 次	测试 1 次	测试 1 次
$0.4 \sim 0.8$	测试 1 次	测试 1 次	测试 1 次	测试 1 次

四、可重复性的测试

可重复性的测试应在一段直线路段进行，车辆的行驶速度根据系统分类选取，即 Ⅰ 型取 $20 \sim 22 \text{m/s}$，Ⅱ 型取 $17 \sim 19 \text{m/s}$。车辆可沿着车道中央行驶，或者靠近与车辆即将偏离越过的车道线相对的另一侧车道线行驶。例如，如果将要向车道右侧偏离，则车辆可以沿左侧的车道线行驶，反之亦然。可重复性的测试方法如图 3-11 所示。当车辆按照指定速度沿测试车道跟踪行驶并达到稳定状态后，车辆可向车道左侧或右侧逐渐偏离。当偏离速度为 $0.1 < (v_1 \pm 0.05) \leqslant 0.3 \text{m/s}$ 时，进行两组共 8 次测试（第一组的 4 次向左偏离，第二组的 4 次向右偏离）；当偏离速度为 $0.6 < (v_2 \pm 0.05) \leqslant 0.8 \text{m/s}$ 时，进行另外两组共 8 次测试（第三组的 4 次向左偏离，第四组的 4 次向右偏离），即共需进行 16 次测试。v_1、v_2 由设备制造商预先选择。测试人员应根据表 3-4 所示的偏离速度以组（每组 4 次测试）为单位顺次进行测试。

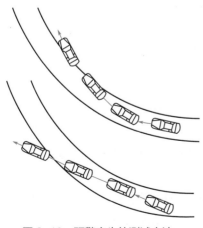

图 3-10　预警产生的测试方法

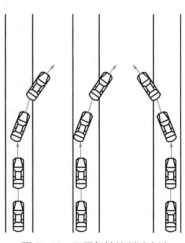

图 3-11　可重复性的测试方法

表 3-4　可重复性的测试

偏离速度 /（m/s）	向左偏离	向右偏离
$0.1 < (v_1 \pm 0.05) \leqslant 0.3$	第一组测试 4 次	第二组测试 4 次
$0.6 < (v_2 \pm 0.05) \leqslant 0.8$	第三组测试 4 次	第四组测试 4 次

五、虚警的测试

测试车道为直道，总长为 1000m（一段长 1000m 的直道或两段各长 500m 的直道），当车辆在非预警区域内行驶时，系统应不发出预警，并记录系统预警情况。

第五节　车道偏离预警系统的仿真实例

【例 3-1】

利用 CarSim 和 Simulink 联合对车道偏离预警系统进行仿真。

解：车道偏离预警系统的仿真首先在 Simulink 中搭建车道偏离预警算法，这里采用的是 FOD 算法，同时在 CarSim 中建立道路模型和汽车模型。道路模型按照国标规定，设定车道宽度为 3.75m，道路曲率设为 1000m，完成设定的道路如图 3-12 所示。

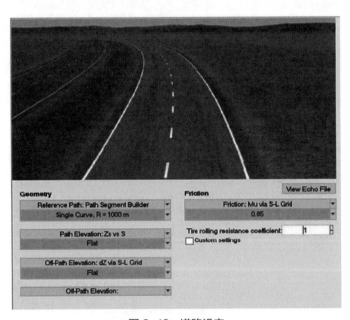

图 3-12　道路设定

汽车模型中的参数参照某已有车型，并设定车速为 30m/s，预瞄时间 t 设为 0.5s，预瞄位置处偏差阈值 D 设为 1m，并在 CarSim 中设定汽车参考行驶轨迹为双移线来验证算法，如图 3-13 所示。

汽车初始状态如图 3-14 所示，双移线工况中左偏的预警如图 3-15 所示，更改方向后右偏的预警如图 3-16 所示，系统能够较好地对左右车道偏离进行预警。

智能网联汽车先进驾驶辅助系统（ADAS）

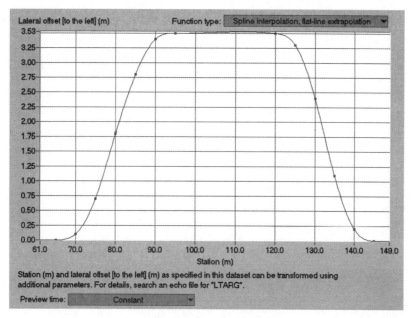

图 3-13　汽车参考轨迹设定

图 3-14　汽车初始状态

图 3-15　汽车左偏预警

图 3-16　汽车右偏预警

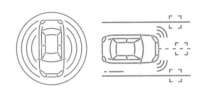

第四章
盲区监测系统

第一节　盲区监测系统的定义与组成

一、盲区的类型

汽车视野盲区主要有前盲区、两侧盲区（包括 A 柱盲区、B 柱盲区和 C 柱盲区）、后盲区和后视镜盲区，其中，最容易引发交通事故的是 A 柱盲区和后视镜盲区。

1. A 柱盲区

A 柱盲区是最危险也是最为常见的两侧视野盲区，由于驾驶员距离 A 柱较近，所以驾驶员在观察前方路况时，左侧 A 柱导致的视野盲区范围会比右侧 A 柱导致的视野盲区范围大，如图 4-1 所示。

在汽车左右转向时，由于驾驶员的视线被 A 柱遮挡，会在短时间内无法看清盲区内的障碍物或行人，如果驾驶员在转向时车速没有降到一定范围内，则很容易造成重大交通事故。

立柱盲区是由车身构造引起的，目前从结构理论上还无法完全消除。为了看清 A 柱盲区的交通状况，驾驶员行车中必须向前探身观察路况，正常驾驶姿势被破坏，可能引起误操作，造成交通事故。因此，消除汽车 A 柱盲区

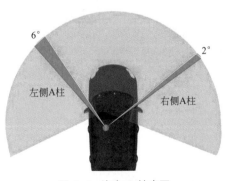

图 4-1　汽车 A 柱盲区

隐患是每个汽车驾驶员的迫切需要。

2. 后视镜盲区

后视镜盲区主要是指汽车行驶时车身两侧在后视镜可视范围之外的区域，驾驶员通过汽车后视镜能观察到车身附近的信息，但也只是局限在一定角度范围内，如果超过这个范围，驾驶员就无法观测到周围汽车的行驶动态，如图 4-2 所示。图 4-2 中，①和②是盲区内的车辆，③是车内后视镜观测到的车辆，④和⑤是左右后视镜观测到

的车辆。从外部辅路并入主路的汽车，如果速度快而且切入内侧车道的角度过大，就很容易发生交通事故。在大雨天气、大雾天气或夜间光线昏暗，更加难以看清后方车辆，此时变道就面临更大的危险。

为了扩大后视镜的观测范围，缩小盲区，可以采用加装广角后视镜的方法，将广角后视镜安装在两侧后视镜边缘，这在很大程度上可减少后视镜的盲区范围。

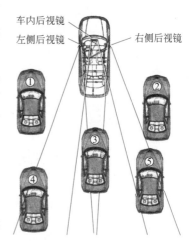

图4-2　汽车后视镜盲区

二、盲区监测系统的定义

盲区监测（Blind Spot Detection，BSD）系统实时监测驾驶员的视野盲区，并在其盲区内出现其他道路使用者时发出提示或警告信息。盲区监测系统在驾驶员超车或变道时，通过传感器监测外后视镜盲区内有其他可能会引起碰撞的车辆，并通过视觉信号或听觉信号对驾驶员进行提醒，从而消除视野盲区，提高行车安全性，如图4-3所示。该系统仅是对盲区预警的辅助手段，并不会采取任何自主行为来阻止可能发生的碰撞，驾驶员需要对车辆的安全操作负责。

图4-3　盲区监测系统

盲区监测系统是目前市场上配置率较高的一种ADAS。盲区监测系统的功能除车辆的检测以外，还应包括城市道路上汽车盲区内行人、骑行者的检测以及高速公路弯道的检测与识别等。

盲区监测系统还可以进一步拓展出其他ADAS功能，如变道辅助（Lane Change Assist，LCA）系统、后方交通穿行提示（Rear Crossing Traffic Alert，RCTA）系统、后方交通穿行制动（Rear Cross Traffic Assist with Braking，RCTB）系统、开门预警（Door Open Warning，DOW）系统。

（1）LCA系统　通过传感器实时监测驾驶员视野盲区，在车辆变道过程中，如果判断车辆侧方或后方出现可能与本车发生碰撞危险的其他道路使用者时发出警告。

（2）RCTA系统　在车辆倒车时，通过传感器实时监测车辆后部横向接近的其他道路使用者，并在判断可能发生碰撞危险时发出警告。

（3）**RCTB 系统**　在车辆倒车时，通过传感器实时监测车辆后部横向接近的其他道路使用者，并在判断可能发生碰撞危险时主动控制车辆制动。

（4）**DOW 系统**　在停车状态即将开启车门时，通过传感器实时检测车辆侧后方的其他道路使用者，并在可能因车门开启而发生碰撞危险时发出警告。

三、盲区监测系统的组成

盲区监测系统一般由信息采集单元、电子控制单元和预警显示单元等组成。

1. 信息采集单元

信息采集单元利用车载传感器检测汽车盲区里是否有行人或其他行驶车辆，并把采集到的有用信息传输给电子控制单元。后视镜盲区的信息采集单元一般采用毫米波雷达或视觉传感器。

2. 电子控制单元

电子控制单元对信息采集单元采集到的信息进行分析判断，向预警显示单元发送信息。

3. 预警显示单元

预警显示单元接收电子控制单元的信息，如果有危险，则发出预警，告知驾驶员此时不可变道。预警显示单元一般包括两侧后视镜 LED 灯、组合仪表或音响。

图 4-4 所示为基于毫米波雷达的盲区监测系统。

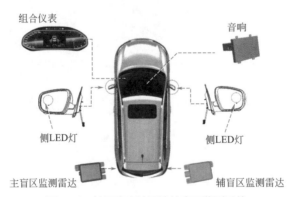

图 4-4　基于毫米波雷达的盲区监测系统

第二节　盲区监测系统的工作原理与要求

一、盲区监测系统的工作原理

盲区监测系统的传感器一般安装在车辆尾部两个角上或外后视镜根部，如图 4-5 所示。传感器检测汽车盲区里是否有行人或其他行驶车辆，并把采集到的有用信息传输给电子控制单元。

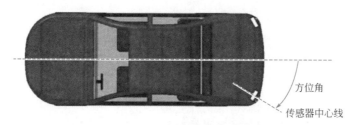

(a) 传感器安装在车辆尾部两个角上

方位角
传感器中心线

盲区传感器位于外后视镜根部

(b) 传感器安装在外后视镜根部

图4-5　盲区监测系统传感器的安装位置

　　当汽车速度大于某一阈值时，例如10km/h，盲区监测系统自动启动，如果监测范围内有车辆或行人，就会被信息采集单元监测到，计算出本车与目标的距离、目标的速度等信息，并将采集到的信息传输给电子控制单元；电子控制单元根据收到的信息判断进入监测范围内的车辆或行人是否对本车造成威胁，如果存在安全隐患，则通过预警显示单元提醒驾驶员，并根据危险程度、驾驶员的反应速度提供不同的预警方式。图4-6所示为盲区监测系统的预警，当电子控制单元认为存在驾驶风险时，预警显示单元会通过安装在两侧后视镜中的LED预警指示灯告知驾驶员。如果此时驾驶员没有注意到系统提醒，打转向灯准备变道，

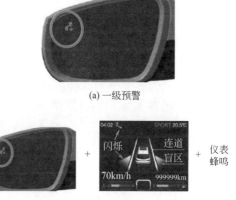

(a) 一级预警

闪烁　连道盲区　＋　仪表蜂鸣

(b) 二级预警

图4-6　盲区监测系统的预警

预警显示单元会通过LED发送一个闪光信号并发出蜂鸣声来警告驾驶员，避免交通事故的发生。

　　未来的智能网联汽车也可以采用V2V和V2I之间通信，告知驾驶员盲区内是否有车辆或行人。

二、盲区监测系统的要求

　　盲区监测系统的要求包括基本要求、监测范围以及性能要求。

1. 基本要求

盲区监测系统具有以下基本要求。

（1）开启和关闭要求 盲区监测系统应具备手动开启或关闭的功能；手动关闭时，应具有关闭状态的指示。

（2）激活要求 盲区监测系统处于非激活状态时，系统可检测目标车辆，但不应向驾驶员发出警告。盲区监测系统被激活时，盲区监测系统应从非激活状态切换到激活状态。盲区监测系统至少能通过下列方式之一被激活。

① 启动激活。车辆启动后，盲区监测系统自动启动并进入激活状态。

② 最低速度激活。车辆速度达到盲区监测系统设计的最低激活车速时，盲区监测系统自动激活。

③ 转向信号激活。盲区监测系统接收到车辆发出的转向信号或判定其即将或正在进行转向操作，盲区监测系统自动激活目标转向区域一侧。

（3）人机交互要求 人机交互要求包括警告方式、开启/关闭指示要求以及系统故障指示要求。

① 警告方式要求。盲区监测系统应采用易被驾驶员感知的方式发出警告信息，并能清晰地指示目标车辆出现的一侧。警告指示信息应明显区分于车辆中其他系统的警告信息，变道辅助系统除外。

② 开启/关闭指示要求。盲区监测系统应具有开启/关闭状态的指示，该指示应目视可见。

③ 系统故障指示要求。盲区监测系统应具有系统故障指示提醒功能，其提醒状态标志应能被驾驶员清晰地观测到。

（4）自检要求 盲区监测系统至少应具备以下自检功能：相关电气部件是否正常运行，相关传感元件是否正常运行。自检时，不应出现明显的延迟；在发生故障时，故障指示也不应出现明显的延误。

（5）其他要求 盲区监测系统的操纵件、指示及信号装置的标志应符合有关标准的相关要求。盲区监测系统的效能不应受电磁场的不利影响，其电磁兼容性应符合相关标准的要求。

2. 监测范围

M1 和 N1 类车辆的盲区监测范围如图 4-7 所示，图 4-7 中，1 表示试验车辆；2 表示第九十五百分位眼椭圆的中心，应符合《人类工效学　车辆驾驶员眼睛位置》（GB/T 36606—2018）的要求，N1 类车辆参考；3 表示 GFCB 围成的区域为直线工况下的车辆左侧盲区监测范围；4 表示 KLCB 围成的区域为直线工况下的车辆右侧盲区监测范围。

图 4-7 中的画线是为了说明盲区监测警告要求。右侧、左侧和后部等描述参考了试验车辆的行驶方向。给出的所有尺寸均相对试验车辆而言。

① 线 **AA** 平行于试验车辆后缘，并位于试验车辆后缘后部 30.0m 处。

② 线 **BB** 平行于试验车辆后缘，并位于试验车辆后缘后部 3.0m 处。

③ 线 **CC** 平行于试验车辆前缘，并位于第九十五百分位眼椭圆的中心。

④ 线 **DD** 为试验车辆前缘的双向延长线。

⑤ 线 **EE** 平行于试验车辆的中心线，并位于试验车辆车身（不包括外后视镜）左

侧的最外缘。

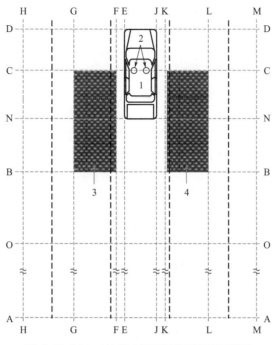

图 4-7　M1、N1 类车辆盲区监测范围示意图

⑥ 线 **FF** 平行于试验车辆的中心线，并位于试验车辆车身左侧最外缘的左边，与左侧最外缘相距 0.5m。

⑦ 线 **GG** 平行于试验车辆的中心线，并位于试验车辆车身左侧最外缘的左边，与左侧最外缘相距 3.0m。

⑧ 线 **HH** 平行于试验车辆的中心线，并位于试验车辆车身左侧最外缘的左边，与左侧最外缘相距 6.0m。

⑨ 线 **JJ** 平行于试验车辆的中心线，并位于试验车辆车身（不包括外后视镜）右侧的最外缘。

⑩ 线 **KK** 平行于试验车辆的中心线，并位于试验车辆车身右侧最外缘的右边，与右侧最外缘相距 0.5m。

⑪ 线 **LL** 平行于试验车辆的中心线，并位于试验车辆车身右侧最外缘的右边，与右侧最外缘相距 3.0m。

⑫ 线 **MM** 平行于试验车辆的中心线，并位于试验车辆车身右侧最外缘的右边，与右侧最外缘相距 6.0m。

⑬ 线 **NN** 为试验车辆后缘的双向延长线。

⑭ 线 **OO** 平行于试验车辆后缘，并位于试验车辆后缘后部 10.0m 处。

3. 性能要求

盲区监测系统具有以下性能要求。

（1）**目标车辆测试要求**　盲区监测系统的功能应覆盖左右两侧的相邻区域。直线行驶工况下目标车辆应为规定的汽车或者摩托车；当目标车辆为汽车时，盲区监测系统应满足有关规定的测试要求。

（2）**盲区监测系统的警告要求**　盲区监测系统的警告要求包括左侧盲区警告要求和右侧盲区警告要求。

① 左侧盲区警告要求。按要求进行直线行驶工况试验，当目标车辆处于以下条件所列范围内时，系统应发出左侧盲区警告。

- 目标车辆的任何部位位于 BB 线前面。
- 目标车辆完全位于 CC 线后面。
- 目标车辆完全位于 FF 线的左侧。
- 目标车辆的任何部位位于 GG 线的右侧。

如果目标车辆任何部位均未处于 AA、DD、EE 和 HH 四条直线交叉覆盖的区域内，则不应发出左侧盲区警告。

② 右侧盲区警告要求。按要求进行直线行驶状态试验，当目标车辆处于以下条件所列范围内时，系统应发出右侧盲区警告。

- 目标车辆的任何部位位于 BB 线前面。
- 目标车辆完全位于 CC 线后面。
- 目标车辆完全位于 KK 线的右侧。
- 目标车辆的任何部位位于 LL 线的左侧。

如果目标车辆任何部位均未处于 AA、DD、JJ 和 MM 四条直线交叉覆盖的区域内，则不应发出右侧盲区警告。

（3）**系统响应**　系统响应包括系统响应时间和可选盲区警告抑制。

① 系统响应时间。当目标车辆从侧后方进入盲区监测范围时，从目标车辆进入盲区监测范围到系统发出警告的时间应不大于 300ms。

② 可选盲区警告抑制。如果试验车辆正在超越目标车辆，且目标车辆从前方进入了监测范围，则可将盲区警告抑制一段时间，警告抑制时间不应大于 2s。

第三节　盲区监测系统的算法

一、基于视觉传感器的盲区监测系统的算法

基于视觉传感器的盲区监测系统采用视觉传感器监视车身四周的视觉死角，从而减少汽车驾驶员因视觉盲区而引发的意外。当车速超过 10km/h 时，视觉盲区监测系统自动启动，在警示区域内出现移动物体时，系统便会向驾驶员发出警示，驾驶员根据提示灯，注意其车辆盲区的移动物体；驾驶员也可通过中控台上的按钮关闭该系统。

基于视觉传感器的盲区监测系统能够满足盲区检测系统实时性、鲁棒性等技术性能的要求，不仅能对道路上出现的状况作出快速的反应，而且对不同的道路环境和变化的天气条件具有良好的自适应能力。

基于视觉传感器的盲区监测系统的算法主要分为图像预处理和车辆检测两部分，其算法流程如图 4-8 所示。其中图像预处理的主要目的是改善图像的质量，增强或削弱

图像中的某些信息，为后续处理做准备；车辆的检测就是识别视频监测区域内是否有车辆驶入，一旦监测到车辆，系统立即向驾驶员提供警报。

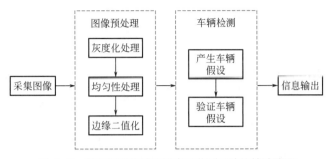

图4-8 基于视觉传感器的盲区监测系统的算法流程

1. 图像预处理

为了更好地识别分析图像内容，需要对图像信息进行前期处理，这里介绍一种基于边缘检测的方法。首先要对采集的彩色图像进行灰度处理和滤波处理，由此可以减少计算量并滤除图像采集中产生的噪声；然后通过运算，生成均匀性图，突出车辆的位置；最后通过自适应阈值分割，得到二值化的边缘粗提取。

（1）灰度处理 系统获得的原始图像为RGB彩色图像，包含色彩信息和亮度信息，经过灰度处理后，图像只包含亮度信息，并不包含色彩信息。原始彩色图像中，每个像素的颜色由 R、G、B 三个分量决定，而灰度图像是 R、G、B 三个分量相同的一种特殊彩色图像。灰度图像仍能准确描述色彩和亮度等级的分布与特征，但图像处理的计算量大幅度减少。

采用加权平均法将 RGB 彩色图像转化成灰度图像，加权平均法根据重要性和其他指标，将 R、G、B 三个分量以不同的权值进行加权平均。人眼对绿色敏感度最高，对蓝色敏感度最低，取灰度值为

$$I_{\text{gray}} = 0.3R + 0.59G + 0.11B \tag{4-1}$$

式中，I_{gray} 为灰度化后的灰度值；R、G、B 分别表示红、绿、蓝灰度的分量。

（2）滤波处理 在图像获取的过程中，受环境影响会产生噪声，比如车速变化造成的噪声、光学噪声以及图像采集过程中形成的量化误差等。有些噪声虽然表面上没有对图像造成太大改变，但是却会对图像分析的准确性造成影响，故需要通过图像滤波去除噪声。图像滤波的方法取决于噪声与图像的关系以及处理的具体要求，既要消除噪声，又要尽量保持所需的图像特征。

均值滤波是最常用的线性低通滤波器，它是指在图像上对目标像素给一个模板，该模板包括其周围的临近像素（以目标像素为中心的周围 8 个像素，构成一个滤波模板，即去掉目标像素本身），再用模板中的全体像素的平均值来代替原来像素值。

假设给定一幅大小为 $X \times Y$ 的图像 $A(x, y)$，在灰度级 L 范围内，$a(x, y)$ 是图像像素点 (x, y) 的灰度值，$0 \leqslant a(x, y) \leqslant L-1$。设滤波窗内有 k 个元素，则经过均值滤波得到的图像的对应灰度值为

$$a'(x', y') = \frac{1}{k} \sum_{m, n \in N} a(x, y) \tag{4-2}$$

式中，(x', y') 为滤波窗中心的像素点；N 为滤波窗。

常用的均值滤波器模板大小为 3×3 或 5×5，最简单的均值滤波器模板为

$$H = \frac{1}{9} \begin{bmatrix} 1 & 1 & 1 \\ 1 & 1 & 1 \\ 1 & 1 & 1 \end{bmatrix} \quad (4-3)$$

（3）均匀性图的生成算法 均匀性图用来表征某一像素与其邻域中各像素的均匀程度，均匀程度以像素及其周围像素灰度值的标准差来表示，标准差越小，则曲线或曲面越均匀。

要得到均匀性图，首先要遍历灰度图像中的每一个像素，并取每个像素周围 $d \times d$ 个像素的灰度值，其灰度值表示为 $I(x, y)$，那么，邻域像素的均值 u_{ij} 和标准差 σ_{ij} 可以定义为

$$u_{ij} = \frac{1}{d^2} \sum_{p=i-(d-1)/2}^{i+(d-1)/2} \sum_{q=j-(d-1)/2}^{j+(d-1)/2} I_{pq} \quad (4-4)$$

$$\sigma_{ij} = \sqrt{\frac{1}{d^2} \sum_{p=i-(d-1)/2}^{i+(d-1)/2} \sum_{q=j-(d-1)/2}^{j+(d-1)/2} (I_{pq} - u_{ij})^2} \quad (4-5)$$

记录图像中方差的最大值，并通过原灰度图像中的方差最大值将方差归一化到 0 到 255 区间，用于图像显示及后续处理。通过该算法能够找出边缘梯度强烈变化的像素点，而那些变化不明显的区域亮度较低，并且其运算量较小，能够快速地将一些孤立的噪声点以及那些边缘特征不明显的区域区分出来，突显车辆的位置。

（4）自适应梯度二值化分割算法 图像处理算法一般需要经过灰度化、二值化分割前景和背景以及提取边缘等，但在实际应用中，二值化的结果会影响到边缘提取，真实场景较为复杂，很难通过固定的阈值将车辆与路面、背景分割开。因此一般采用一个或多个自适应阈值来对当前场景进行分割。

大津法是自适应阈值确定的方法之一，其主要思想是将图像分成背景和目标两个部分。记 $B(i, j)$ 为均匀性图像点 (i, j) 的亮度值，图像分辨率为 $X \times Y$。记 $f(k)$ 为亮度值 k 的频率，则有

$$f(k) = \frac{n_k}{XY} \quad (4-6)$$

式中，n_k 表示亮度值为 k 的出现的次数。

假设用阈值 t 区分目标和背景，当 $B(i, j) \leqslant t$ 时，认为点 (i, j) 为目标对象中的点；当 $B(i, j) > t$ 时，认为点 (i, j) 为目标背景中的点，并记目标点出现的概率为 $p(i)$，则目标占整个图像的比例和目标像素点的总数分别为

$$\omega_0(t) = \sum_{0 \leqslant i \leqslant t} p(i) \quad (4-7)$$

$$N_0 = XY \sum_{0 \leqslant i \leqslant t} p(i) \quad (4-8)$$

背景占整个图像的比例和背景像素点的总数分别为

$$\omega_1(t) = \sum_{t \leqslant i \leqslant x-1} p(i) \quad (4-9)$$

$$N_1 = XY \sum_{t \le i \le x-1} p(i) \tag{4-10}$$

目标区域均值和背景区域均值分别为

$$\mu_0(t) = \frac{\sum\limits_{0 \le i \le t} ip(i)}{\omega_0(t)} \tag{4-11}$$

$$\mu_1(t) = \frac{\sum\limits_{t \le i \le x-1} ip(i)}{\omega_1(t)} \tag{4-12}$$

总体均值为

$$\mu(t) = \omega_0(t)\mu_0(t) + \omega_1(t)\mu_1(t) \tag{4-13}$$

最佳的二值化分割阈值为

$$g = \arg\max_{0 \le t \le 255} \left\{ \omega_0(t)\left[\mu_0(t) - \mu(t)\right]^2 + \omega_1(t)\left[\mu_1(t) - \mu(t)\right]^2 \right\} \tag{4-14}$$

在该算法中，目标区域边缘及边缘周围的区域、背景为道路区域等亮度均匀的区域。该方法加粗了图像的边缘，使其模糊化，能够将车辆从光线不均匀、阴影区域中凸显出来，增强图像的边缘特征，大大减少干扰边缘对后续算法的影响。

2. 车辆检测

采用从提出假设到验证假设的传统思路识别盲区内的车辆。通过图像预处理方法，有效地削弱噪声或其他因素对于车辆检测的影响，并得到车辆的边缘特征图，为车辆检测提供了很大的便利。

车辆在图像中呈现一些比较鲜明的特征，比如车底阴影、对称性高、水平边缘丰富以及信息熵等，这些特征常被图像处理算法用来检测和识别车辆。

这里介绍的车辆检测算法，首先基于该二值化边缘图对水平边缘进行聚类，根据图像中车辆的特征，排除一些杂质噪声，然后根据车辆的其他特征来验证产生的假设，确定盲区内车辆的位置。

（1）产生车辆假设 车辆存在丰富的水平边缘特征，如车窗、车底阴影以及保险杠等，因此产生的车辆假设主要基于车辆的水平边缘进行分析。

在二值化边缘图中提取水平边缘直线，提取的结果为有些直线相邻，有些直线离得较远。假设两条相邻的水平边缘直线属于同一物体，并根据一定条件将这些直线合并，以减少后续计算量。

自上向下遍历检测所有直线，当两条直线在图像 x、y 方向上满足

$$x_{1_L} < \frac{|x_{2_L} - x_{2_R}|}{2} < x_{1_R} \tag{4-15}$$

$$|y_1 - y_2| < 5 \tag{4-16}$$

式中，下角标 L 和 R 分别表示线段的左、右端点。

如果第二条直线的线段中点的列坐标位于第一条线段之内，则将两条直线进行合并，实现第一次合并。

图像再自下向上遍历直线，通过底边直线所占像素个数以及常见车辆的宽高比，虚构一个矩形框，对矩形框内的直线以一定的条件进行第二次拟合，并重新调整矩形

框的高度，矩形框内的像素即为假设的车辆。

（2）验证车辆假设 由于车辆具有高对称性和高信息熵的特征，在产生车辆假设后，通过矩形框内像素的对称性和信息熵来验证假设，得到最终的检测结果。经过水平边缘合并后得到的是粗边缘的车辆假设，下面对这些车辆假设进行分析。

对新生成的矩形框进行对称性分析，引入对称性测度，它是描述目标对称程度的一个统计值。根据矩形框内像素的灰度值，将其 y 方向上的灰度均值视为 x 方向的一维函数，即

$$g(x) = \frac{\sum\limits_{y=y_0}^{y_n} f(x,y)}{(y_0 - y_n)} \tag{4-17}$$

设对称轴为矩形框竖直中轴 x_s，并以此对称轴分别向两边遍历灰度均值，引入两个函数分别为

$$O(u,x_s) = \frac{g(x_s+u) - g(x_s-u)}{2}, -\frac{w}{2} \leqslant u \leqslant \frac{w}{2} \tag{4-18}$$

$$E(u,x_s) = \frac{g(x_s+u) + g(x_s-u)}{2}, -\frac{w}{2} \leqslant u \leqslant \frac{w}{2} \tag{4-19}$$

式中，$O(u,x_s)$ 为奇函数，其均值为 0；$E(u,x_s)$ 为偶函数，其均值大于 0。

将偶函数分量进行归一化，保证其均值为 0，才能将其与奇函数 $O(u,x_s)$ 进行比较，有

$$E^2(u,x_s) = E(u,x_s) - \frac{1}{w}\sum\limits_{u=-w/2}^{w/2} E(u,x_s), -\frac{w}{2} \leqslant u \leqslant \frac{w}{2} \tag{4-20}$$

定义目标矩形的对称性测度为

$$S(x_s) = \frac{\sum\limits_{u=-w/2}^{w/2} E^2(u,x_s) - \sum\limits_{u=-w/2}^{w/2} O^2(u,x_s)}{\sum\limits_{u=-w/2}^{w/2} E^2(u,x_s) + \sum\limits_{u=-w/2}^{w/2} O^2(u,x_s)} \tag{4-21}$$

根据概率统计学知识，将信息量定义为

$$I(l_i) = -\lg p(l_i) \tag{4-22}$$

式中，$p(l_i)$ 表示信源取 l_i 时的概率。

信息熵定义为信息量的数学期望，即

$$E(l) = \sum\limits_{i=1}^{n} p(l_i) I(l_i) = -\sum\limits_{i=1}^{n} p(l_i)\lg p(l_i) \tag{4-23}$$

图像区域信息熵越大，其信息量越丰富。根据车辆对称性和图像复杂性特点，引入熵值归一化的对称性测度排除虚假目标。熵值归一化的对称性测度定义为

$$\bar{s}_g = \frac{\dfrac{S(x_s)+1}{2} + \dfrac{E(l)}{E_m}}{2} = \frac{S(x_s)E_m + 2E(l) + E_m}{4E_m} \tag{4-24}$$

式中，E_m 为灰度图像的信息熵的最大值。

熵值和熵值归一化的对称性测度分别取阈值 E_t 和 S_t，当 $E(l)>E_t$ 且 $\bar{s}_g>S_t$ 时，可

以确定该矩形框内存在车辆。

二、基于毫米波雷达的盲区监测系统的算法

基于毫米波雷达的盲区监测系统是通过毫米波雷达监测盲区内是否有车辆或行人通过，进而进行预警。

基于毫米波雷达的盲区监测系统具有以下优势。

① 穿透能力强，不受天气影响。毫米波雷达无论在洁净空气中还是在雨雾、烟尘、污染中，其衰减都弱于红外线、微波等，具有更强的穿透能力。毫米波雷达波束窄、频带宽、分辨率高，在大气窗口频段不受白天和黑夜的影响，具有全天候的特点。

② 体积小巧紧凑，识别精度较高。毫米波波长短，天线口径小，元器件尺寸小，这使得毫米波雷达体积小，质量轻，容易安装在汽车上。对于相同的物体，毫米波雷达的截面积大，灵敏度较高，可探测和定位小目标。

③ 可实现远距离感知与探测。由于毫米波在大气中衰减弱，所以可以探测与感知更远的距离，其中远距离毫米波雷达可以实现超过 200m 的探测与感知。

毫米波雷达的输出信号经过硬件电路处理后，被数字信号处理器的 AD 模块采样。要准确得到目标的信息，采样回来的数字信号还需要在数字信号处理器中进行一系列的处理。整个信号处理算法需满足以下要求。

① 为了最大程度避免高频信号带来的干扰，需要设计低通的数字滤波器对数字信号做进一步的处理。

② 因为毫米波雷达的输出信号是多个目标的信号混合在一起的结果，所以需要设计相应的算法将每个目标对应的信号分开，并且准确识别出每个目标信号峰值的精确频率。

③ 在雷达识别目标时，很容易出现虚警，所以需要设计相应的算法对一些干扰进行排除，从而尽量避免虚警的发生。

基于毫米波雷达的盲区监测系统的算法包括低通数字滤波器的设计、傅里叶变换的实现、峰值频率的确定以及虚警现象的排除，其算法流程如图 4-9 所示。首先对于 AD 采样获得的数据做低通数字滤波处理，滤除可能存在高频的干扰信号；通过离散傅里叶变换将时域数据转化为频域数据，以便于多目标的分离；对离散傅里叶变换的结果利用恒虚警（Constant False-Alarm Rate，CFAR）算法去除杂波，减少虚警的发生；对峰值频率进行识别，将真实目标信息通过 CAN 总线输出。

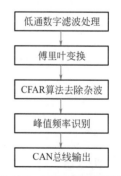

图 4-9 基于毫米波雷达的盲区监测系统的算法流程

1. 低通数字滤波器的设计

在实际使用中，毫米波雷达信号很容易受到噪声因素的干扰，虽然通过硬件电路可进行模拟滤波处理，但是实际效果难以达到理想水平，因此需要增设数字滤波器，进行数字滤波处理，去除数据中夹杂的高频噪声。比较常用的数字滤波器为有限冲击响应滤波器和无限冲击响应滤波器。有限冲击响应

滤波器的极点是固定的，只能通过调整零点的位置实现需要的性能，阶数一般较高，计算量较大，但是固定的极点同时也保证了其严格的线性和稳定性。实际使用中需要对毫米波雷达信号的相位进行保留，需要较强的稳定性，因此多采用有限冲击响应滤波器。

有限冲击响应滤波器实现的方式有多种，其中横截型结构较为简单。假设有限冲击响应滤波器的阶数为 n，输入数据为 $x(n)$，输出数据为 $y(n)$，单位冲击响应为 $h(n)$，则对应的横截型结构如图 4-10 所示。

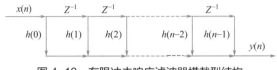

图 4-10　有限冲击响应滤波器横截型结构

有限冲击响应滤波器横截型结构的差分方程为

$$y(n) = hx = \sum_{m=0}^{n-1} h(m)x(n-m) \tag{4-25}$$

从差分方程可知，有限冲击响应滤波器设计就是对 $h(m)$ 的设计。滤波器设计需要借助 Matlab 等工具进行辅助设计，一般使用 Matlab 的 FDA Tool 工具箱来进行辅助设计。

为验证设计结果的性能，使用 Matlab/Simulink 进行验证，在 Simulink 中利用设计好的模块搭建验证模型。图 4-11（a）所示为该模型的输入，32kHz 正弦波和 60kHz 正弦波的混合；图 4-11（b）所示为该模型的输出。从图 4-11 中可以看出，输出信号只剩下 32kHz 的信号，处于阻带范围内的 60kHz 的信号被完全滤除，可初步验证该模型可以达到预期的滤波效果。

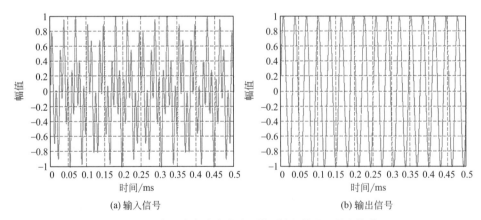

图 4-11　有限冲击响应滤波器模型输入信号和输出信号

2. 傅里叶变换的实现

快速傅里叶变换理论利用蝶形运算的方式，将长序列的离散傅里叶变换运算变换成多个短序列的离散傅里叶变换运算来实现，极大地减少了计算量，从而使得离散傅里叶变换理论不再受计算量的限制，得到广泛的应用。

快速傅里叶变换算法需要确定采样频率和计算点数。根据采样定理，要复现原始信号，采样频率需要大于原始信号最高频率成分的 2 倍，为达到较好的效果，在实际使用中，采样频率一般选取信号最大频率的 4 倍。若目标信号频率最大值为 40kHz，采样频率要选择 160kHz，结合模数转换器的实际情况，采样频率选择 187.5kHz。模数转换器以选定的采样频率工作时，在 100Hz 调制信号上升段的 0.005s 内最多可以采得 937 个计数点数，且两端的 200 多个计数点数由于处于转折过渡区，不能使用，因此可用于快速傅里叶变换算法的计数点数最多为 700 个。此外，离散傅里叶变换算法的计算结果是离散的点，点与点之间存在盲区，不可避免地会出现栅栏效应，栅栏效应带来的误差为

$$\Delta f = \frac{f_s}{n} \tag{4-26}$$

采样频率确定后，计数点数 n 越大，栅栏效应带来的误差越小。由于计数点数 n 必须为 2 的整数幂，快速傅里叶变换的计数点数取值为 512，此时栅栏效应带来的误差为 366.21Hz。如果进一步增大变换点数，为获得足够的采样点，必须增大采样频率。此时频率和点数同时增大，栅栏效应误差不会减小。

根据选定的参数，使用 Matlab 软件进行验证，仿真结果如图 4-12 所示。

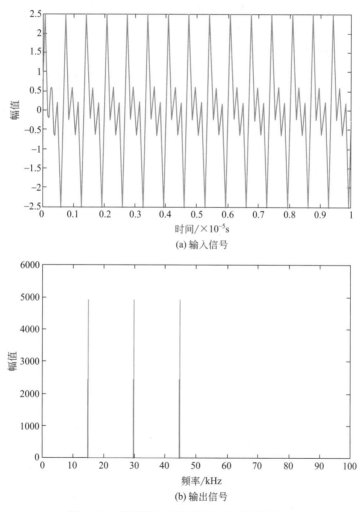

图 4-12　快速傅里叶变换输入信号与输出信号

其中，图 4-12（a）所示为输入信号，是 15kHz、30kHz 和 45kHz 三种频率正弦波

的混合；经快速傅里叶变换处理后，得到输出信号如图4-12（b）所示，输出信号的频域中共有三个波峰，其频率分别为15kHz、30kHz和45kHz，在其他频率处幅值几乎为零。输出信号与输入信号的频率特性完全一致，证明所设计的快速傅里叶变换算法可以达到较好的效果。

3. 峰值频率的确定

要计算目标的距离和速度等信息，首先需要确定目标信号的频率，所得到的频率精度越高，则计算结果的精度就越高。信号频率检测的方法有多种，包括过零检测法、时域分析和小波变换法以及频谱分析法等。过零检测法计算比较简单，但误差较大，难以满足精度需求；时域分析和小波变换法的计算量比较大，实时性差，一般在离线环境下使用。因此，基于毫米波雷达的盲区监测系统一般采用频谱分析法，将时域信号转换为频域信号，然后对频域信号进行分析识别。

理论上，频谱中每出现一个波峰均代表存在一个目标物体。但是在实际应用中，毫米波雷达信号会受到外界因素干扰，频谱中会出现一些峰值较小的干扰波峰，因此确定峰值频率时，要剔除干扰波峰。一般目标波峰的峰值比干扰波峰的峰值大，因此可以采用阈值法将两者区分，从而剔除干扰波峰。阈值法识别盲区内的目标如图4-13所示。选择合适的阈值，峰值比阈值小的波峰认为是干扰波峰，剔除掉；而峰值比阈值大的波峰则认为是目标波峰，所以阈值的选择决定目标的识别效果。阈值的选择一般需经过试验测试来确定。此外，从图4-13中可以看出，如果两个目标距离很近，频谱图中两者的边缘效应会相互影响，导致两个波峰分界点的幅值仍大于阈值，即在一个区间内存在两个目标波峰，若按照最大值法选择波峰，会忽略其中一个目标。此时可选用极值法确定区间内的每一个极值，每个极值均视为一个目标。

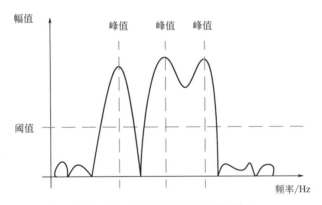

图4-13　阈值法识别盲区内的目标

4. 虚警现象的排除

用于盲区监测的毫米波雷达，若不进行优化处理，可能会出现虚警。在实际应用中，车辆周围的物体也会发射毫米波雷达发出的信号，因此毫米波雷达输出信号中会夹杂环境信息，同时毫米波雷达内部的一些元件形成的热噪声也会对毫米波雷达的输出信号产生影响。当干扰信号的幅值超过阈值时，干扰信号就会被误认为是目标信号，造成虚警现象。阈值越大，出现虚警现象的概率越低，但是阈值设置过大，会导致目标信号被排除，发生漏警现象。而且固定的阈值无法适应环境的变化，当干扰信号的功率变化时，发生虚警现象的概率也会随之相应地变化。所以为了最大程度降低虚警发生的概率，应设计自适应的阈值，可由恒虚警（CFAR）算法实现。

目前，多使用高斯分布模型来模拟干扰信号的分布模型，高斯模型经平方检波后，其概率密度服从指数分布。在指数分布的杂波环境中，一般采用均值类的 CFAR 算法中的算术平均值（CA-CFAR），该算法的原理如图 4-14 所示。其中 x_i 为目标单元的幅值，两侧的 $2n$ 个 X_i 为参考单元的幅值，CA-CΓAR 算法的基本原理是依据目标单元周围 $2n$ 个参考单元幅值的算术平均值，来估计目标单元附近杂波的功率。为了减少目标信号对杂波功率估计造成的影响，在目标信号两侧各留两个单元作为保护单元，以估计出来的杂波功率乘以相应的系数来确定阈值，并与目标单元的功率进行比对。如果目标功率值比阈值大，则表明该目标单元包含有目标信息，此时输出为目标功率值的开平方值；如果目标单元的功率比阈值小，则表明该目标单元不含有目标信息，此时输出为 0。

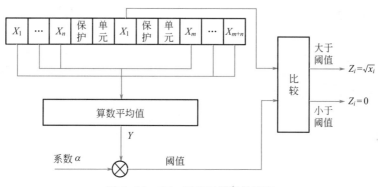

图 4-14　CA-CFAR 算法的原理

参考单元幅值的算术平均值为

$$Y = \frac{1}{2n}\left(\sum_{a=1}^{n}X_a + \sum_{b=m}^{m+n}X_b\right) \tag{4-27}$$

假设阈值系数为 α，则阈值可表示为 $S = \alpha Y$。参考单元 X_i 服从指数分布，对应的概率密度函数可表示为

$$f_x = \frac{1}{\lambda}\mathrm{e}^{-\frac{x}{\lambda}} \tag{4-28}$$

由此可推导出阈值 S 的概率密度分布为

$$f_S = \frac{1}{(2n-1)!}\left(\frac{\alpha}{2n\lambda}\right)^{2n}S^{2n-1}\mathrm{e}^{-\frac{2nS}{\alpha\lambda}} \tag{4-29}$$

由奈曼 - 皮尔逊准则可知，对应的虚警概率的概率密度分布为

$$P_{\mathrm{fa}} = \int_{s}^{+\infty}\frac{1}{\lambda}\mathrm{e}^{-\frac{x}{\lambda}}\mathrm{d}x = \mathrm{e}^{-\frac{A}{\lambda}} \tag{4-30}$$

式中，S 为随机变量。

对 S 积分可以得到虚警概率为

$$P_{fa} = \int_0^{+\infty} e^{-\frac{x}{\lambda}} f_s dx = \left(1 + \frac{\alpha}{2n}\right)^{-2n} \tag{4-31}$$

虚警概率与杂波的参数无关，只与阈值系数 α 和参考单元数目 $2n$ 有关，只要确定这两个变量，虚警概率也就确定了；反之，只要选定虚警概率，就能得到相应的阈值系数。

$$\alpha = 2n \left[\left(P_{fa} \right)^{-\frac{1}{2n}} - 1 \right] \tag{4-32}$$

毫米波雷达可准确识别盲区内的目标，并通过 CAN 总线发送信息，通过 LED 灯或蜂鸣器，提示驾驶员在盲区内有目标驶入，注意安全驾驶。

第四节　盲区监测系统的测试

一、测试环境条件

盲区监测系统的测试环境要满足以下条件。
① 测试应在水平、干燥、具有良好附着能力的混凝土或沥青路面上进行。
② 测试时的环境温度应为 $-20 \sim 40℃$。
③ 水平可视范围应确保能够在整个测试中清晰观察目标。

二、目标车辆要求

目标车辆应为普通大批量生产的汽车或摩托车；目标车辆为汽车时，轴距应为 $2.0 \sim 2.5m$，作为替代，也可以采用表征参数能够代表汽车且适应系统传感器的柔性目标。目标车辆为摩托车时，目标车辆的长度应为 $2.0 \sim 2.5m$，最宽点（不包括侧视镜）的宽度应为 $0.7 \sim 0.9m$，高度（不包括风挡玻璃和驾驶员）应为 $1.1 \sim 1.5m$。作为替代，也可以采用表征参数能够代表摩托车且适应系统传感器的柔性目标。

三、测试系统

测试系统包括测试系统要求和测试系统精度要求。
1. 测试系统要求
测试系统应满足下列要求。
① 完全独立于盲区监测系统。
② 能测量试验车辆后缘与目标车辆前缘之间的纵向距离（假设目标车辆位于试验车辆后方）。
③ 能测量试验车辆前缘与目标车辆后缘之间的纵向距离（假设目标车辆位于试验车辆前方）。
④ 能测量试验车辆最左边缘与目标车辆最右边缘之间的横向距离（假设目标车辆

位于试验车辆左侧）。

⑤ 能测量试验车辆最右边缘与目标车辆最左边缘之间的横向距离（假设目标车辆位于试验车辆右侧）。

⑥ 能测量从目标车辆满足警告条件到发出警告的时间延迟。

2. 测试系统精度要求

测试系统精度包括距离测量精度和时间测量精度。

（1）距离测量精度　距离测量精度应符合下列要求。

① 距离小于 2m 时，测量精度应小于或等于 0.1m。

② 距离大于或等于 2m 且小于或等于 10m 时，测量精度应小于或等于 5%。

③ 距离大于 10m 时，测量精度应小于或等于 0.5m。

（2）时间测量精度　时间测量精度应符合下列要求。

① 时间小于 200ms 时，测量精度应小于或等于 20ms。

② 时间大于或等于 200ms 且小于或等于 1s 时，测量精度应小于或等于 10%。

③ 时间大于 1s 时，测量精度应小于或等于 100ms。

四、目标车辆（摩托车）识别测试

试验车辆以（40±2）km/h 的速度匀速直线行驶，目标车辆（摩托车）以（55±5）km/h 的速度由侧后方驶向并超越目标车辆，行驶过程中应保持目标车辆（摩托车）车身的最外缘与试验车辆中心线之间的距离为 2.0 ～ 3.5m，如图 4-15 所示。当目标车辆（摩托车）从侧后方行驶进入试验车辆盲区监测范围时，系统应发出警告，警告发出的时间不得晚于目标车辆（摩托车）前缘穿过图 4-7 所示的 CC 线。当目标车辆（摩托车）的前缘超越图 4-7 所示的 CC 线 3m 时，测试结束。测试完成后应在试验车辆另一侧重复进行该测试。

图 4-15　目标车辆（摩托车）识别测试

五、直线道路并道测试

试验车辆以（50±2）km/h 的速度匀速直线行驶，目标车辆以（50±2）km/h 的速度匀速行驶并保持与试验车辆的横向距离为 6.0 ～ 7.0m，如图 4-16 所示。当目标车辆越过图 4-7 所示的 BB 线并完全在 CC 线之后时，以 0.25 ～ 0.75m/s 的侧向速度分别从试验车辆侧后方进行变道，直至两车的横向距离为（1.5±0.3）m。变道完成后，目标车辆至少保持直线行驶 300ms，然后变道返回最初车道线，测试结束。测试完成后应在试验车辆另一侧重复进行该测试。

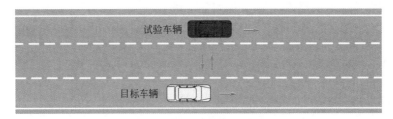

图 4-16　直线道路并道测试

当目标车辆并道接近试验车辆时，盲区监测系统应满足以下条件。

① 当目标车辆完全位于图 4-7 所示的 HH 线或 MM 线外时，盲区监测系统不能发出警告。

② 当目标车辆的任何部分位于试验车辆的盲区时，盲区监测系统应发出警告，警告发出的时间不得晚于目标车辆外缘穿过图 4-7 所示的 LL 线或 GG 线后 300ms。

六、直线道路目标车辆超越试验车辆测试

试验车辆以（50±2）km/h 的速度匀速直线行驶，目标车辆在相邻车道匀速直线行驶并保持与试验车辆的横向距离为（1.5±0.3）m，目标车辆以高于试验车辆的速度匀速行驶并超越目标车辆，如图 4-17 所示。目标车辆根据表 4-1 规定的场景车速行驶于测试车辆侧后方，当两车达到测试开始两车纵向距离时，测试开始；当目标车辆的前缘超越图 4-7 所示的 CC 线 3m 时，测试结束。测试完成后应在试验车辆另一侧重复进行该测试。

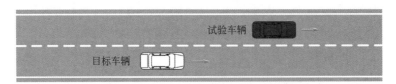

图 4-17　直线道路目标车辆超越试验车辆测试

表 4-1　直线道路目标车辆超越试验车辆场景试验方案参数

参数项目	场景 1	场景 2	场景 3
试验车辆速度	（50±2）km/h	（50±2）km/h	（50±2）km/h
目标车辆速度	（60±2）km/h	（65±2）km/h	（70±2）km/h
速度差	（10±2）km/h	（15±2）km/h	（20±2）km/h
测试开始两车纵向距离	11m	22m	33m

当目标车辆接近试验车辆时，盲区监测系统应满足以下条件。

① 当目标车辆完全位于图 4-7 所示的 AA 线之后时，盲区监测系统不应发出警告。

② 当目标车辆的任何部分位于试验车辆的盲区时，盲区监测系统应发出警告，警告发出的时间不得晚于目标车辆前缘穿过图 4-7 所示的 BB 线后 300ms。

七、目标车辆变道超越试验车辆测试

试验车辆以（50±2）km/h 的速度匀速直线行驶，目标车辆以（60±2）km/h 的速度在同车道驶向试验车辆，如图 4-18 所示。开始测试时，目标车辆与试验车辆相距大于 20m，当目标车辆距图 4-7 所示的 BB 线 10m 时，目标车辆以 0.55～0.85m/s 的侧向速度从试验车辆侧后方进行变道至两车的横向距离为（1.5±0.3）m。变道完成后，目标车辆保持直线行驶，直至目标车辆完全超越试验车辆的前缘，当目标车辆的前缘超越图 4-7 所示的 CC 线 3m 时，测试结束。测试完成后应在试验车辆另一侧重复进行该测试。

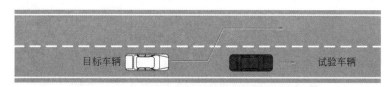

图 4-18　目标车辆变道超越试验车辆测试

当目标车辆的任何部分进入试验车辆的盲区时，盲区监测系统应发出警告，且警告发出的时间不得晚于目标车辆纵向中心线穿过图 4-7 所示的 BB 线或 KK 线后 300ms。

八、直线道路双目标车辆超越试验车辆测试

试验车辆以（50±2）km/h 的速度匀速直线行驶，目标车辆以（60±2）km/h 的速度在相邻车道匀速直线行驶并保持与试验车辆的横向距离为（1.5±0.3）m，如图 4-19 所示。开始测试时，目标车辆距图 4-7 所示的 BB 线纵向距离大于 11m；当目标车辆最前缘超越图 4-7 所示的 CC 线 3m 时，测试结束。

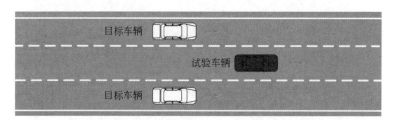

图 4-19　直线道路双目标车辆超越试验车辆测试

当目标车辆接近试验车辆时，盲区监测系统应满足以下条件。

① 当目标车辆完全位于图 4-7 所示的 AA 线之后时，盲区监测系统不应发出警告。

② 当双目标车辆的任何部分位于试验车辆的盲区时，盲区监测系统应发出警告，警告发出的时间不得晚于目标车辆前缘穿过图 4-7 所示的 BB 线后 300ms。

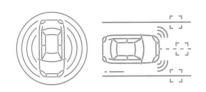
第五章
车道保持辅助系统

第一节　车道保持辅助系统的定义与组成

一、车道保持辅助系统的定义

车道保持辅助（Lane Keeping Assist，LKA）系统能够利用车载传感器（如视觉传感器）实时监测车辆与车道边线的相对位置，持续或在必要情况下控制车辆横向运动，使车辆保持在原车道内行驶，从而减轻驾驶员负担，减少交通事故的发生，如图 5-1 所示。

图 5-1　车道保持辅助系统

二、车道保持辅助系统的组成

车道保持辅助系统主要由信息采集单元、电子控制单元和执行单元等组成，如图 5-2 所示。在车道保持辅助系统工作期间，如果出现车道偏离现象，驾驶员将会接收车道偏离的预警信息，并选择对转向系统和制动系统中的一项或者多项动作进行控制，也可交由车道保持辅助系统完全控制。车道保持辅助系统中所有的信息均以数字信号的形式进行传递，通过汽车总线技术实现。

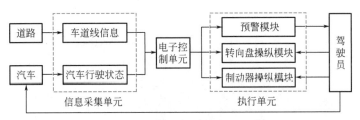

图 5-2　车道保持辅助系统的组成

1. 信息采集单元

信息采集单元在车道保持辅助系统中的功能与车道偏离预警系统的功能相似，主要通过传感器采集车道信息和汽车自身行驶信息并发送给电子控制单元。

2. 电子控制单元

电子控制单元主要通过特定的算法对信息进行处理，并判断是否做出车道偏离修正的相应操作。该单元性能直接影响车道偏离修正的及时性，因此在选择中央处理器和设计控制算法时要着重考虑运算能力和运算速度。

3. 执行单元

执行单元主要有预警模块、转向盘操纵模块和制动器操纵模块。其中预警模块与车道偏离预警系统类似，通过转向盘或座椅振动、仪表盘显示和声音警报中的一种或多种形式实现。转向盘操纵模块和制动器操纵模块是车道保持辅助系统中特有的，其主要作用是实现横向运动和纵向运动的协同控制，并保证汽车在车道保持辅助系统工作期间具有一定的行驶稳定性。

第二节　车道保持辅助系统的工作原理与要求

一、车道保持辅助系统的工作原理

车道保持辅助系统可以在行车的全程或速度达到某一阈值后开启，并可以手动关闭，实时保持汽车的行驶轨迹。当车道保持辅助系统正常工作时，信息采集单元通过车载传感器采集车道线、车速、转向盘转角以及汽车速度等信息，电子控制单元对这些信息进行处理，比较车道线和汽车的行驶方向，判断汽车是否偏离行驶车道。当汽车行驶可能偏离车道线时，发出预警信息；当汽车距离偏离侧车道线小于一定阈值或已经有车轮偏离出车道线，电子控制单元计算出辅助操舵力和减速度，根据偏离的程度控制转向盘和制动器的操纵模块，施加操舵力和制动力使汽车稳定地回到正确的行驶线路；若驾驶员打开转向灯正常进行变线行驶，则车道保持辅助系统不会做出任何提示。

车道保持辅助系统的工作过程如图 5-3 所示，在车道保持辅助系统起作用时，将不同时刻的汽车行驶照片重叠后可以看出，图 5-3 中后面起第二个车影已经偏离正确的行驶线路，于是系统发出预警信息，第三个和第四个车影是系统主动进行车道偏离纠正的过程，在第五个车影时，汽车已经重新回到正确的行驶线路上，车道保持辅助系统完成一个完整的工作周期。

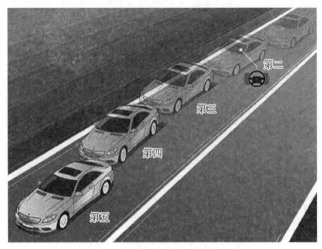

图 5-3　车道保持辅助系统的工作过程

二、车道保持辅助系统的要求

车道保持辅助系统的要求包括基本要求和性能要求。

1. 基本要求

车道保持辅助系统具有以下基本要求。

① 在可视车道线环境下应能识别车辆与车道线的相对位置，辅助驾驶员将车辆保持在原车道内行驶。

② 至少应具备车道偏离抑制功能或车道居中控制功能。

③ 应具备开机自检功能，应能检查车道保持辅助系统相关的主要电气部件和传感元件是否正常工作。

④ 应设置开 / 关功能，以便驾驶员根据意图进行操作，且应避免驾驶员误操作。

⑤ 应监测自身状态并向驾驶员提示系统当前状态，包括系统故障、系统的开 / 关等，提示的状态信息应清晰易懂。系统的开 / 关状态提示允许驾驶员通过调取菜单等间接方式查看。

⑥ 应有一定的抑制、失效和退出条件并通过机动车产品使用说明书加以说明。

⑦ 车道保持辅助系统的状态转换如图 5-4 所示。车道保持辅助系统从关闭到开启可以通过驾驶员操作，也可以通过系统自动开启，例如在点火开关开启并且系统没有失效发生的时候。车道保持辅助系统从开启到关闭可以通过驾驶员操作，也可以通过系统自动关闭，例如在点火开关关闭或系统有失效发生的时候。在车道保持辅助系统待机状态，系统应评估激活条件，此时车道保持辅助系统不得执行任何车道保持行为。在车道保持辅助系统激活状态，系统应评估激活条件，如果有任意一个确定的激活条件不满足，系统需要从激活状态转换成待机状态。

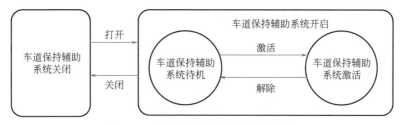

图 5-4　车道保持辅助系统的状态转换

2. 性能要求

车道保持辅助系统具有以下性能要求。

① 系统的车道偏离抑制功能不应使车辆偏离超过车道线外侧 0.4m；车道居中控制功能不应使车辆偏离超过车道线外侧。

② 车道偏离抑制功能引起的车辆纵向减速度不应超过 $3m/s^2$，引起的车速减小量不应超过 5m/s。

③ 系统激活时引发的车辆横向加速度不大于 $3m/s^2$，车辆横向加速度变化率不大于 $5m/s^3$。

④ 系统应在 v_{min} 至 v_{max} 之间的车速范围内正常运行，其中，v_{min} 为 72km/h，v_{max} 为 120km/h 和最高设计车速两者中的较小值。系统也可以在更宽的车速范围内正常运行。

第三节　车道保持辅助系统的控制算法

一、基于 T-S 模糊模型的 $H_∞$ 控制算法

基于 T-S 模糊模型的 $H_∞$ 控制算法主要是根据车辆相对于车道线位置参数得到常规的辅助转矩。在建立实际的模糊模型时，不能忽略系统不确定性的干扰，所设计的控制系统不仅是二次稳定的，而且必须要有一定的抑制干扰能力，这就是鲁棒 $H_∞$ 控制问题。

基于 T-S 模糊模型的 $H_∞$ 控制主要包括以下内容。

① 提出问题，定义模糊控制系统的模糊变量及模糊规则数目，并根据模糊变量划分非线性系统的子系统，并在此基础上建立基于模糊变量的模糊系统模型。

② 分析系统稳定性，通过李雅普诺夫（Lyapunov）函数对非线性系统 $H_∞$ 控制问题进行稳定性判断。

③ 设计状态反馈控制器，根据并行分布方法对系统的各个子系统分别设计局部控制器，然后在局部控制器的控制下分析全局稳定性，从而由局部状态反馈控制器加权组成全局系统的状态反馈 $H_∞$ 控制器。

1. 基于 T-S 的人-车-路系统模糊模型

人-车-路闭环系统考虑到车辆在行驶过程中纵向车速的非线性变化，因此可以将人-车-路系统定义为非线性系统，可用 T-S 模型描述为

$$R^i: \text{if } z_1(t) \text{ is } M_{i1} \text{ and } \cdots z_p(t) \text{ is } M_{ip}$$

$$\text{then} \quad \dot{x}_d(t) = A_{di}x_d(t) + B_{di}u_d(t) + H_{di} \tag{5-1}$$

$$y_d(t) = C_{di}x_d(t), i = 1, 2, \cdots, r$$

式中，R^i 为模糊系统的第 i 条规则；z_1、$\cdots$、z_p 为人 - 车 - 路闭环系统的模糊变量；M_{i1}、$\cdots$、M_{ip} 为模糊集合；$u_d(t)$ 为系统的输入；$x_d(t)$ 为系统的状态变量；$y_d(t)$ 为系统的输出；A_{di}、B_{di}、H_{di}、C_{di} 为模糊系统第 i 个子系统对应的状态矩阵。

人 - 车 - 路闭环系统的 T-S 模糊模型为

$$\dot{x}_d(t) = \frac{\sum\limits_{i=1}^{r} \omega_{di}[z(t)][A_{di}x_d(t) + B_{di}u_d(t) + H_{di}]}{\sum\limits_{i=1}^{r} \omega_{di}[z(t)]} \tag{5-2}$$

$$y_d(t) = \frac{\sum\limits_{i=1}^{r} \omega_{di}[z(t)]C_{di}x_d(t)}{\sum\limits_{i=1}^{r} \omega_{di}[z(t)]}$$

式中，$\omega_{di}[z(t)] = \prod\limits_{j=1}^{p} M_{ij}[z(t)] = \prod\limits_{j=1}^{p} M_{ij}[v_x(t)]$ 代表第 i 条规则的相对有效程度，其值为与之相关联的隶属函数的乘积。

若记

$$h_i[z(t)] = \frac{\omega_{di}[z(t)]}{\sum\limits_{i=1}^{r} \omega_{di}[z(t)]} \tag{5-3}$$

则人 - 车 - 路闭环系统的 T-S 模糊模型变为

$$\dot{x}_d(t) = \sum\limits_{i=1}^{r} h_i[z(t)][A_{di}x_d(t) + B_{di}u_d(t) + H_{di}] \tag{5-4}$$

$$y_d(t) = \sum\limits_{i=1}^{r} h_i[z(t)]C_{di}x_d(t)$$

2. 基于 T-S 模糊模型的 H_∞ 控制器设计

基于 T-S 模糊模型的 H_∞ 控制器的输出为车道保持控制所期望的辅助转矩。根据人 - 车 - 路闭环系统的 T-S 模糊模型，采用并行分配补偿方法，对子系统设计一个局部的 H_∞ 状态反馈控制器，即

$$u_{di}(t) = -K_i x_d(t), i = 1, 2, \cdots, 5 \tag{5-5}$$

式中，K_i 为第 i 个局部子系统的 H_∞ 状态反馈控制器。

考虑到非线性系统存在外部干扰 ρ 时，H_∞ 控制方法应使干扰对系统的影响最小，因此对于给定的标量 $\gamma > 0$，应使性能指标 $G(s)$ 满足以下条件。

$$\|G(s)\|_m = \frac{\|y\|_2}{\|\rho\|_2} < \gamma \tag{5-6}$$

性能指标的范数越小，则表示扰动对系统的干扰越小。传统的 H_∞ 状态反馈控制器

设计的必要条件是存在正定矩阵 X 和矩阵 M 满足以下条件。

$$\begin{bmatrix} A_v X + B_v M + (A_v X + B_v M)^{\mathrm{T}} & H_v & C_v X^{\mathrm{T}} \\ H_v^{\mathrm{T}} & -I & 0 \\ C_v X & 0 & -\gamma^2 I \end{bmatrix} \leqslant 0 \tag{5-7}$$

式中，A_v、B_v、C_v、H_v 分别为参考车路系统的状态矩阵。

利用线性矩阵不等式（LMIS）可求得车路系统的反馈控制器为

$$K_v = MX^{-1} \tag{5-8}$$

在求系统的各个局部状态反馈控制器时，同样利用 LMIS 约束获得目标函数的最优解，得到使系统稳定的反馈增益 K_i 和相应的最小扰动抑制度 γ。满足式（5-6）的必要条件是存在正定矩阵 X，使得下式成立。

$$\min : \gamma^2$$

$$X, M_1, M_2, \cdots, M_r$$

$$X > 0 \tag{5-9}$$

$$\begin{bmatrix} XA_{di}^{\mathrm{T}} + A_{id}X - \left(B_{di}M_i + M_i^{\mathrm{T}}B_{di}^{\mathrm{T}}\right) & XC_{di}^{\mathrm{T}} & M_i \\ C_{di}X & -Q & 0 \\ M_i^{\mathrm{T}} & 0 & -\gamma^2 I \end{bmatrix} \leqslant 0$$

式中，$Q = W^{\mathrm{T}}W$，$W > 0$ 表示正定矩阵；M_i 为对应模糊规则 i 的模糊隶属度函数。

利用 Matlab 中矩阵工具箱可得到各个子系统控制器参数为

$$K_i = M_i X^{-1} \tag{5-10}$$

在验证系统稳定性的过程中，需要将得到的正定矩阵 $P = X^{-1}$ 代入构造的 Lyapunov 函数得

$$V = x^{\mathrm{T}} P x \tag{5-11}$$

根据舒尔（Schur）定理可得到系统内部稳定的条件是 $\dot{V} < 0$，且有性能指标满足

$$\|G(s)\|_\infty < \gamma \tag{5-12}$$

每个局部子系统控制器的输出为

$$u_{di}(t) = -K_i x_d(t) = -M_i X^{-1} x_d(t) \tag{5-13}$$

基于 T-S 模糊模型 H_∞ 控制器的输出为

$$u_d(t) = -\sum_{i=1}^{5} h_i \left[z(t) \right] K_i x_d(t) \tag{5-14}$$

由于局部控制器反馈增益是在全局性能指标控制条件下确定的，因此在考虑全局系统控制的时候，只要确保各个局部子系统能够在其反馈增益 K 的控制下保持稳定，则全局系统的稳定性就可以得到保证。

二、前馈补偿模糊控制算法

车道保持主动转向的过程中存在各种阻力，因此在单一的反馈控制中无法使前轮

转角达到期望值，并且由于控制的滞后影响，当干扰较大时，被控量影响较大，因此需要设计前馈控制，计算额外的补偿转矩。前馈控制主要基于不变性原理，在干扰发生而被控量未变时，对控制量进行调节，从而补偿干扰对被控量的影响，能够及时地对干扰进行抑制。

1. 前馈补偿控制策略

汽车在转向中受到的外部阻力主要与轮胎气压、车速、路面附着系数以及前轮转角大小有关，因此需要根据不同的影响因素计算相应的额外转矩。由于轮胎气压一般在正常范围内，故在算法设计过程中可以不对其进行考虑。根据影响车辆转向时外部阻力的车速、前轮转角和路面附着系数，可设计车道保持前馈补偿控制策略，如图5-5所示。

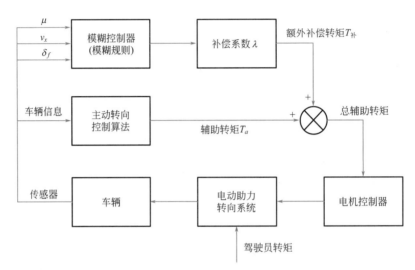

图 5-5　车道保持前馈补偿控制策略

车道保持前馈补偿的控制过程为：传感器获取车辆的车速 v_x、前轮转角 δ_f 以及地面附着系数 μ 等，根据这些因素对转向阻力的影响关系设计模糊规则，得到前馈补偿比例系数 λ，最后将根据主动转向控制算法计算得到的辅助转矩 T_a 和额外补偿转矩 $T_{补}$ 组成的总辅助转矩信号发送给电动助力转向系统的电机控制器控制主动转向，从而降低外部阻力的影响以保证车辆始终在车道中心线附近行驶。

2. 前馈补偿模糊控制器设计

在车道保持主动控制中，前馈补偿模糊控制器的模糊规则为：路面附着系数较高、前轮转角较大时，应适当地增大额外补偿转矩；车速较快时，应减小额外补偿转矩。因此，模糊控制器的输入为路面附着系数 μ、前轮转角 δ_f 以及车速 v_x，输出为额外补偿转矩比例系数 λ。完成模糊子集设计后可以采用三角形隶属度函数，并建立模糊规则库进行计算。

三、多约束模型预测控制算法

模型预测控制（Model Predictive Control，MPC）是一种先进的工业控制方法，具有对模型要求低、能处理多变量和有约束的控制等优点。模型预测控制更贴合实际应用情景，可改善控制系统在不确定性影响下保持良好状态的能力。模型预测控制算法主要包含预测模型、滚动优化和反馈校正，其原理如图 5-6 所示。图 5-6 中，采样周期为 1，预测时域为 N，曲线 1 为参考轨迹，曲线 2 为 k 时刻预测优化输出，曲线 3 为 $k+1$ 时刻预测优化输出，曲线 4 为 $k+1$ 时刻预测时域控制序列，曲线 5 为 k 时刻预测时域控制序列。模型预测控制中，k 时刻根据参考轨迹偏差优化控制指标，得到未来 N 时域的控制序列，并据此在第一个采样周期内施加控制，完成后进入 $k+1$ 时刻，再根据 $k+1$ 时刻参考轨迹偏差对下一个时域 N 内控制指标进行优化，获取 $k+1$ 时刻至 $k+N+1$ 时刻的控制序列，这种过程随时间推移反复进行。

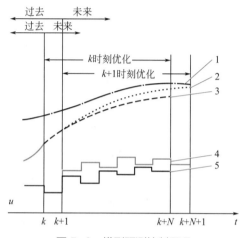

图 5-6　模型预测控制原理

实际预测控制应用中除预测时域以外，还需设定控制时域。在车道保持主动控制算法中，预测时域对应预瞄距离，得到对应预瞄点处误差，并在控制时域内解算出最优控制序列。系统控制量在控制时域以外、预测时域以内保持不变。车道中心线跟踪控制器结构如图 5-7 所示。

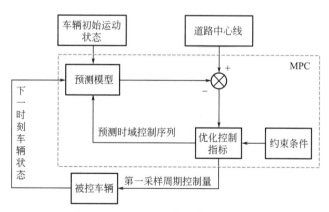

图 5-7　车道中心线跟踪控制器结构

1. 建立预测模型

车道保持辅助系统主要研究的是汽车横向控制，首先需要建立全局坐标系 XOY 和

汽车坐标系 xoy 的变换关系，如图 5-8 所示，设参考曲率为 ρ，汽车航向角为 θ，参考轨迹的航向角为 θ_p。

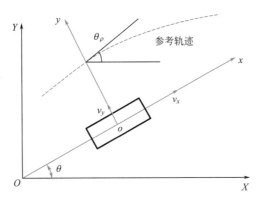

图 5-8　全局坐标系与汽车坐标系的变换关系

实际汽车在车道上平稳行驶时，航向角 θ 较小，可采取小角度理论，故得到全局坐标系下汽车速度为

$$\begin{cases} \dot{Y} = \dot{x}\sin\theta + \dot{y}\cos\theta \approx \dot{x}\theta + \dot{y} \\ \dot{X} = \dot{x}\cos\theta - \dot{y}\sin\theta \approx \dot{x} - \dot{y}\theta \end{cases} \tag{5-15}$$

纵向速度在车道主动保持控制中可以假设不变，故选取状态变量为 $x_n = \begin{bmatrix} \dot{y} & \theta & \omega & Y \end{bmatrix}^{\mathrm{T}}$，控制量 u_n 为前轮转角 δ_f，输出量为 $y_n = \begin{bmatrix} \theta & Y \end{bmatrix}^{\mathrm{T}}$，建立状态方程矩阵为

$$\begin{bmatrix} \ddot{y} \\ \dot{\theta} \\ \dot{\omega} \\ \dot{Y} \end{bmatrix} = \begin{bmatrix} \dfrac{c_f + c_r}{m\dot{x}} & \dfrac{l_f c_f - l_r c_r}{m\dot{x}} - \dot{x} & 0 & 0 \\ 0 & 0 & 1 & 0 \\ \dfrac{l_f c_f - l_r c_r}{I_z \dot{x}} & \dfrac{l_r^2 c_r + l_f^2 c_f}{I_z \dot{x}} & 0 & 0 \\ 1 & \dot{x} & 0 & 0 \end{bmatrix} \begin{bmatrix} \dot{y} \\ \theta \\ \omega \\ Y \end{bmatrix} + \begin{bmatrix} -\dfrac{c_f}{m} \\ 0 \\ \dfrac{l_f c_f}{I_z} \\ 0 \end{bmatrix} \delta_f \tag{5-16}$$

式中，l_f、l_r 分别为汽车质心至前、后轴距离；c_f、c_r 分别为汽车前、后轮的综合侧偏刚度；m 为汽车质量；I_z 为汽车横摆转动惯量；ω 为汽车横摆角速度。

若令

$$A_n = \begin{bmatrix} \dfrac{c_f + c_r}{m\dot{x}} & \dfrac{l_f c_f - l_r c_r}{m\dot{x}} - \dot{x} & 0 & 0 \\ 0 & 0 & 1 & 0 \\ \dfrac{l_f c_f - l_r c_r}{I_z \dot{x}} & \dfrac{l_r^2 c_r + l_f^2 c_f}{I_z \dot{x}} & 0 & 0 \\ 1 & \dot{x} & 0 & 0 \end{bmatrix}, \quad B_n = \begin{bmatrix} -\dfrac{c_f}{m} \\ 0 \\ \dfrac{l_f c_f}{I_z} \\ 0 \end{bmatrix}, \quad C_n = \begin{bmatrix} 0 & 1 & 0 & 0 \\ 0 & 0 & 0 & 1 \end{bmatrix}$$

则状态方程可以表示为

$$\begin{cases} \dot{x}_n = A_n x_n + B_n u_n \\ y_n = C_n x_n \end{cases} \tag{5-17}$$

完成状态方程建立后，需要将其离散化，令 $A = \mathrm{e}^{A_n T}$，$B = B_n \int_0^T \mathrm{e}^{A_n T} \mathrm{d}t$，$C = C_n$，得到离散状态方程为

$$\begin{cases} x_n(k+1) = Ax_n(k) + Bu_n(k) \\ y_n(k) = Cx_n(k) \end{cases} \tag{5-18}$$

设采样周期为 T，系统控制时域为 P 个采样周期，预测时域为 N 个采样周期，满足 $N \geqslant P$ 从时刻 k 起，系统输入发生 P 步变化，之后保持不变，根据离散状态方程可预测未来 N 个采样时刻的系统状态为

$$x(k+1) = Ax(k) + Bu(k)$$
$$x(k+2) = A^2 x(k) + ABu(k) + Bu(k+1)$$
$$\vdots$$
$$x(k+P-1) = A^{P-1}x(k) + A^{P-2}Bu(k) + \cdots + Bu(k+P-2) \tag{5-19}$$
$$x(k+P) = A^P x(k) + A^{P-1}Bu(k) + \cdots + Bu(k+P-1)$$
$$\vdots$$
$$x(k+N) = A^P x(k) + A^{P-1}Bu(k) + \cdots + (A^{N-P}B + \cdots + B)u(k+N-1)$$

系统输出为

$$y(k+1) = CAx(k) + CBu(k)$$
$$y(k+2) = CA^2 x(k) + CABu(k) + CBu(k+1)$$
$$\vdots$$
$$y(k+P-1) = CA^{P-1}x(k) + CA^{P-2}Bu(k) + \cdots + CBu(k+P-2) \tag{5-20}$$
$$y(k+P) = CA^P x(k) + CA^{P-1}Bu(k) + \cdots + CBu(k+P-1)$$
$$\vdots$$
$$y(k+N) = CA^P x(k) + CA^{P-1}Bu(k) + \cdots + C(A^{N-P}B + \cdots + B)u(k+N-1)$$

用向量形式表示系统输出为

$$Y(k) = Dx(k) + EU(k) \tag{5-21}$$

式中，$Y(k) = \begin{bmatrix} y(k+1) \\ \vdots \\ y(k+P) \\ \vdots \\ y(k+N) \end{bmatrix}$；$D = \begin{bmatrix} CA \\ \vdots \\ CA^P \\ \vdots \\ CA^N \end{bmatrix}$；$U(k) = \begin{bmatrix} u(k) \\ \vdots \\ u(k+P-1) \\ \vdots \\ u(k+N-1) \end{bmatrix}$；

$$E = \begin{pmatrix} CB & 0 & 0 \\ \vdots & \ddots & 0 \\ CA^{P-1}B & \cdots & CB \\ \vdots & & \vdots \\ CA^{P-1}B & \cdots & \sum_{i=1}^{N-P+1} CA^{i-1}B \end{pmatrix}。$$

2. 带约束滚动优化

带约束滚动优化可以根据不同的目标设定优化函数。为了优化系统跟踪的能力，可以根据状态量设定优化目标函数为

$$J_x(k) = \min x_d(k) = \min |x_n(k) - x_e(k)| \tag{5-22}$$

为了优化系统控制量平稳变化性，可以根据控制量增量设定优化目标函数为

$$J_{\Delta u}(k) = \min |\Delta u_n(k)| \tag{5-23}$$

考虑汽车条件对控制量的限制，可以根据控制量设定优化目标函数为

$$J_u(k) = \min |u_n(k)| \tag{5-24}$$

设定控制 k 时刻的优化问题可表述为：确定 k 时刻起 P 个控制量 $u(k)$、$u(k+1)$、$\cdots$、$u(k+P-1)$，使被控对象在未来 N 个时刻状态镇定，x 趋近 0，同时考虑约束条件，抑制控制量的剧烈变化。根据式（5-22）～式（5-24），可得到优化性能目标函数为

$$J(k) = \sum_{i=1}^{P} \left\| x_n(k+i|k) - x_e(k+i|k) \right\|_Q^2 + \sum_{i=1}^{N} \left\| \Delta u_n(k+i|k) \right\|_R^2 + \sum_{i=1}^{N} \left\| u_n(k+i|k) \right\|_P^2 \tag{5-25}$$

结合式（5-21）向量形式的输出方程，优化性能目标可表示为

$$\min_{U(k)} J(k) = \left\| \Delta X(k) \right\|_Q^2 + \left\| \Delta U(k) \right\|_R^2 + \left\| U(k) \right\|_P^2 \tag{5-26}$$

式中，Q 为误差权矩阵；R 为控制增量权矩阵；P 为控制量权矩阵。

权矩阵 $Q(k) = \mathrm{diag}\,[q_{e_d}(k), q_{v_r}(k), q_{a_h}(k)]$、$R(k) = r_{u'}(k)$、$P(k) = r_u(k)$ 可通过 Matlab 中的二次规划（quadprog）函数求得，调节权矩阵中不同的加权系数，反映系统工作时各变量的重要程度。

完成优化性能目标函数确定后需要对其施加约束，控制量约束、控制增量约束和输出量约束分别为

$$u_{\min}(k+i) \leqslant u(k+i) \leqslant u_{\max}(k+i), \quad i = 0, 1, \cdots, N-1 \tag{5-27}$$

$$\Delta u_{\min}(k+i) \leqslant \Delta u(k+i) \leqslant \Delta u_{\max}(k+i), \quad i = 0, 1, \cdots, N-1 \tag{5-28}$$

$$y_{\min}(k+i) \leqslant y(k+i) \leqslant y_{\max}(k+i), \quad i = 0, 1, \cdots, N-1 \tag{5-29}$$

在性能目标函数中求解控制时域内控制增量，为简化计算，可将控制量约束条件转化为控制增量及转换矩阵相乘的形式，即

$$u(k+i) = u(k+i-1) + \Delta u(k+i) \tag{5-30}$$

$$U_k = I_P \otimes u(i-1) \tag{5-31}$$

$$H = \begin{bmatrix} 1 & 0 & 0 & \cdots & 0 \\ 1 & 1 & 0 & \cdots & 0 \\ 1 & 1 & 1 & \ddots & 0 \\ \vdots & \vdots & \ddots & \ddots & 0 \\ 1 & 1 & \cdots & 1 & 1 \end{bmatrix}_P \otimes I_P \tag{5-32}$$

根据式（5-30）～式（5-32），转换式（5-27）得到控制时域内控制量约束形式为

$$U_{\min} \leqslant H \Delta U_k + U_k \leqslant U_{\max} \tag{5-33}$$

但是由于控制具有多个约束条件，在动态变化过程中某些时刻优化方程可能无解，为避免可能出现的无解问题，可在优化目标函数中添加松弛因子，可放宽部分约束条件，以使优化方程始终有解。添加松弛因子的优化性能目标函数为

$$\min_{U(k)} J'(k) = \min_{U(k)} J(k) + \rho \varepsilon^2 \tag{5-34}$$

式中，ρ 为待定权重系数；ε 为松弛因子。

综合优化性能目标函数和约束条件，设计的控制器在每个采样周期内的控制优化过程可转化为在约束条件下求性能目标函数最小值的二次规划问题，即

$$\min_{U(k)} J(k) = \sum_{1}^{P} \left[\Delta X^{\mathrm{T}}(k) Q(k) \Delta X(k) \right] + \sum_{0}^{N} \left[\Delta U^{\mathrm{T}}(k) R(k) \Delta U(k) \right]$$
$$+ \sum_{0}^{N} \left[U^{\mathrm{T}}(k) P(k) \Delta U(k) \right] + \rho \varepsilon^2 \tag{5-35}$$

约束条件为

$$\Delta U_{\min} \leqslant \Delta U_k \leqslant \Delta U_{\max}$$
$$U_{\min} \leqslant H \Delta U_k + U_k \leqslant U_{\max}$$
$$y_{h_{\min}} \leqslant y_h(k) \leqslant y_{h_{\max}}$$
$$y_{s_{\min}} - \varepsilon \leqslant y_s(k) \leqslant y_{s_{\max}} + \varepsilon$$

使用 Matlab 中的二次规划（quadprog）函数，根据有效集法或内点法求解此二次规划问题，每一时刻 k，可通过求解式（5-35）得到该时刻起控制时域 P 内的控制增量序列及松弛因子为

$$\Delta U_k = \left[\Delta u_k, \Delta u_{k+1}, \cdots, \Delta u_{k+P-1}, \varepsilon \right]^{\mathrm{T}} \tag{5-36}$$

获取当前时刻未来控制增量序列后，使用 ΔU_k 第一个元素作为实际控制输入增量施加于系统，此时控制量变为

$$u_n(k) = u_n(k-1) + \Delta u_k \tag{5-37}$$

进行到 $k+1$ 时刻，重复式（5-35）～式（5-37）过程，循环滚动优化实现对参考轨迹的跟踪控制。

3. 约束条件设定

为保证汽车具有良好的操纵稳定性，轮胎需工作于线性区域，因此轮胎侧偏角理想约束为 $-3° \leqslant \alpha \leqslant 3°$。

在理想侧偏角约束下，式（5-25）优化方程可能在某些时刻无解，故需要添加松弛因子的优化方程式（5-35）来进行优化求解，此时侧偏角约束条件可适当放宽，可选取轮胎侧偏角约束为 $-5° \leqslant \alpha \leqslant 5°$。可根据选取的状态变量 $x_n = \begin{bmatrix} \dot{y} & \theta & \omega & Y \end{bmatrix}^{\mathrm{T}}$ 计算每一时刻轮胎侧偏角为

$$\begin{cases} \alpha_f(t) = \dfrac{\dot{y}(t) + l_f \omega(t)}{v_x} - \delta(t-1) \\ \alpha_r(t) = \dfrac{\dot{y}(t) - l_r \omega(t)}{v_x} \end{cases} \tag{5-38}$$

考虑到汽车自身的限制，需对汽车前轮转角及其增量施加约束，可将约束表示为

$$\begin{cases} \delta_{\min} \leqslant \delta_f \leqslant \delta_{\max} \\ \Delta \delta_{\min} \leqslant \Delta \delta_f \leqslant \Delta \delta_{\max} \end{cases} \tag{5-39}$$

这里选取 $-15° \leqslant \delta_f \leqslant 15°$，每个采样周期内转角变化量满足 $-0.4° \leqslant \Delta \delta_f \leqslant 0.4°$。

考虑到汽车驾驶的舒适性与安全性，需对汽车横摆角速度 ω 和汽车质心侧偏角 β 施加约束，假设汽车行驶在附着良好的干燥沥青路面上，约束为

$$\begin{cases} \omega_{min} \leqslant \omega \leqslant \omega_{max} \\ \omega_{min} = \dfrac{-\mu g}{\dot{x}} \\ \omega_{max} = \dfrac{\mu g}{\dot{x}} \\ -12° \leqslant \beta \leqslant 12° \end{cases} \qquad (5\text{-}40)$$

式中，μ 为地面附着系数。

该约束条件随汽车的速度及地面附着系数动态变化。

第四节　车道保持辅助系统的测试

一、测试要求

车道保持辅助系统的测试要求包括测试环境要求、测试道路要求、试验车辆要求以及测试仪器要求。

1. 测试环境要求

除特殊规定外，测试环境应满足以下条件。

① 能见度大于 1km。

② 平均风速不大于 3m/s，最大风速不大于 5m/s。

③ 气温为 –20 ～ 45℃。

④ 环境照度应在 500lx 以上并分布均匀。

⑤ 阳光直射方向应避免与车辆行驶方向平行。

2. 测试道路要求

测试道路应满足以下条件。

① 道路表面应干燥，表面本身应由沥青或混凝土铺设，并且没有凹陷、凸起和开裂等导致车辆过分颠簸的缺陷，道路应平坦并铺设状态良好；当使用标准参考测试轮胎时，路面峰值摩擦系数应为 0.8 以上。

② 测试车道应有足够长度以满足测试车速的需要，车道宽度应符合相关标准的要求。

③ 测试车道应有高对比度的车道线，除非特别说明，车道线应状态良好，无破损、遮蔽等影响车道保持辅助系统感应的缺陷存在；车道线的设置应遵守相关标准的要求，除非特别说明，车道线颜色应为白色或黄色，车道线线型应为实线或虚线。

3. 测试车辆要求

测试车辆的质量应处于整车整备质量加上驾驶员和测试设备的总质量（驾驶员和测试设备的总质量不超过 150kg）与最大允许总质量之间，测试开始后不允许改变测试车辆的条件。

4. 测试仪器要求

（1）仪器测试参数　测试仪器应记录必要的测试参数，包括但不限于以下内容。

① 测试车辆在整个测试过程中的车速。

② 测试车辆在整个测试过程中的偏离速度。

③ 测试车辆在整个测试过程中的横向加速度。

④ 测试车辆在整个测试过程中相对于车道线的距离。

（2）仪器测量精度要求 测试车辆数据采集及记录仪器应至少满足以下精度要求。

① 车速精度要求为 0.1km/h。

② 偏离速度精度要求为 0.01m/s。

③ 横向加速度精度要求为 0.1m/s^2。

④ 与车道线相对距离精度要求应不大于 0.02m。

⑤ 所有动态数据的采样和记录频率应不小于 100Hz。

二、直道车道偏离抑制测试

测试道路为一段长直道，该长直道应有足够长度以满足测试车速的需要。

测试中，车辆在车道内沿直线行驶，车速为（72±2）km/h，当车辆速度稳定后使车辆以（0.4±0.2）m/s的偏离速度向左或右进行偏离，测试过程中车辆前轮外缘不得超过车道线外侧 0.4m 以上，如图 5-9 所示。

三、弯道车道偏离抑制测试

测试道路为一段直道连接一段弯道，其中弯道的长度要保证车辆能够行驶 5s 以上。此弯道分为定曲率部分和变曲率部分，定曲率部分的曲率为 $2×10^{-3}m^{-1}$（半径≤500m），变曲率部分为直道和定曲率部分弯道的连接段，其曲率随弯道长度呈线性变化，从 0 逐步增加到 0.002m^{-1}，曲率变化率 $\dfrac{dc}{ds}$ 不超过 $4×10^{-5}m^{-2}$，如图 5-10 所示。图 5-10 中，S_1 为变曲率部分；S_2 为定曲率部分。

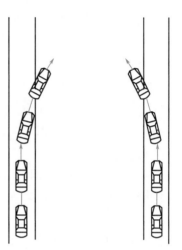

图 5-9　直道车道偏离抑制测试
操作示意图

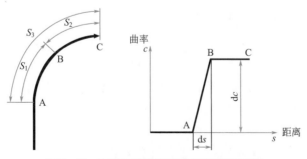

图 5-10　弯道车道偏离抑制测试道路示意图

测试中，车辆在车道中心区域内沿直线行驶，车速为（72±2）km/h，当车辆速度稳定后驾驶员不对车辆的转向进行干预，车辆从直道进入弯道并在弯道内行驶至少 5s。

测试包括一次左弯道测试和一次右弯道测试，测试过程中车辆前轮外缘不得超过车道线外侧 0.4m 以上。

四、车道居中控制测试

测试道路为一段直道连接一段半径≤ 500m 的弯道，其中弯道的长度要保证车辆能够行驶 5s 以上，如图 5-11 所示。

测试中，车辆在车道中心区域内沿直线行驶，车速为（72±2）km/h，当车辆速度稳定后驾驶员不对车辆的转向进行干预，车辆从直道进入弯道并在弯道内行驶至少 5s。测试包括一次左弯道测试和一次右弯道测试，测试过程中车辆前轮外缘不得超过车道线外侧。

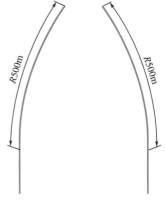

图 5-11　车道居中控制测试道路示意图

第五节　车道保持辅助系统的仿真实例

【例 5-1】

基于模型预测控制的车道保持辅助系统仿真。

解： 基于模型预测控制的车道保持辅助系统仿真需要建立二自由度汽车状态方程式。

二自由度汽车操纵稳定性数学模型为

$$
\begin{aligned}
m(\dot{v}+u\omega_r) &= K_{\alpha 1}\left(\frac{v}{u}+\frac{a\omega_r}{u}-\delta\right)+K_{\alpha 2}\left(\frac{v}{u}-\frac{b\omega_r}{u}\right) \\
I_z\dot{\omega}_r &= aK_{\alpha 1}\left(\frac{v}{u}+\frac{a\omega_r}{u}-\delta\right)-bK_{\alpha 2}\left(\frac{v}{u}-\frac{b\omega_r}{u}\right)
\end{aligned}
\tag{5-41}
$$

式中，m 为汽车质量；I_z 为汽车转动惯量；v 为汽车质心侧向速度；u 为汽车质心前进速度；ω_r 为汽车横摆角速度；a 为汽车质心至前轴距离；b 为汽车质心至后轴距离；$K_{\alpha 1}$、$K_{\alpha 2}$ 分别为前轮和后轮综合侧偏刚度；L_1 为前、后轴的轴距；δ 为前轮转向角。

二自由度汽车操纵稳定性数学模型可以改写为

$$
\begin{aligned}
\dot{v} &= \frac{K_{\alpha 1}+K_{\alpha 2}}{mu}v+\frac{aK_{\alpha 1}-bK_{\alpha 2}-mu^2}{mu}\omega_r-\frac{K_{\alpha 1}}{m}\delta \\
\dot{\omega}_r &= \frac{aK_{\alpha 1}-bK_{\alpha 2}}{I_z u}v+\frac{a^2K_{\alpha 1}+b^2K_{\alpha 2}}{I_z u}\omega_r-\frac{aK_{\alpha 1}}{I_z}\delta
\end{aligned}
\tag{5-42}
$$

矩阵方程式为

$$
\begin{bmatrix} \dot{v} \\ \dot{\omega}_r \end{bmatrix} = \begin{bmatrix} \dfrac{K_{\alpha 1}+K_{\alpha 2}}{mu} & \dfrac{aK_{\alpha 1}-bK_{\alpha 2}-mu^2}{mu} \\ \dfrac{aK_{\alpha 1}-bK_{\alpha 2}}{I_z u} & \dfrac{a^2K_{\alpha 1}+b^2K_{\alpha 2}}{I_z u} \end{bmatrix}\begin{bmatrix} v \\ \omega_r \end{bmatrix}+\begin{bmatrix} \dfrac{-K_{\alpha 1}}{m} \\ \dfrac{-aK_{\alpha 1}}{I_z} \end{bmatrix}\delta
\tag{5-43}
$$

取状态向量为 $X = [v \quad \omega_r]^T$，输入向量为 $U = [\delta]$，输出向量为 $Y = [v \quad \omega_r]^T$，状态空间模型为

$$\dot{X} = AX + BU$$
$$Y = CX$$

（5-44）

式中，$A = \begin{bmatrix} \dfrac{K_{a1} + K_{a2}}{mu} & \dfrac{aK_{\alpha1} - bK_{a2} - mu^2}{mu} \\ \dfrac{aK_{a1} - bK_{\alpha2}}{I_z u} & \dfrac{a^2 K_{\alpha1} + b^2 K_{a2}}{I_z u} \end{bmatrix}$ 称为系统矩阵；$B = \begin{bmatrix} -\dfrac{K_{\alpha1}}{m} \\ -\dfrac{aK_{\alpha1}}{I_z} \end{bmatrix}$ 称为控

制矩阵；$C = \begin{bmatrix} 1 & 0 \\ 0 & 1 \end{bmatrix}$ 称为输出矩阵。

模型预测控制是一种先进的控制方法，具有对模型要求低、能处理多变量和有约束的控制等优点。模型预测控制更贴合实际应用情景，可改善控制系统在不确定性影响下保持良好状态的能力。模型预测控制的基本控制思想是求解一个最优化的问题来获得最优的控制序列控制未来的行为。

车道保持辅助系统仿真模型如图 5-12 所示，它主要由曲率预览器（Curvature Previewer）模块、传感器动力学（Sensor Dynamics）模块、车道保持辅助系统（Lane Keeping Assist Systen）模块和车辆动力学（Ego Vehicle Dynamics）模块组成。

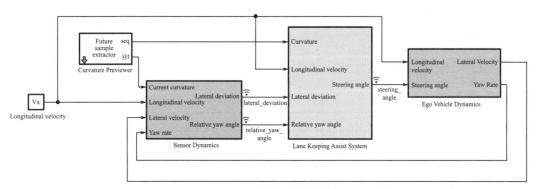

图 5-12　车道保持辅助系统仿真模型

传感器动力学模块如图 5-13 所示。

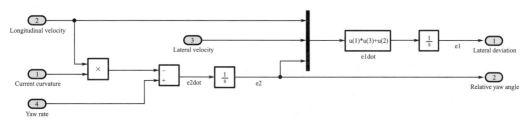

图 5-13　传感器动力学模块

车辆动力学模块如图 5-14 所示。

仿真结果如图 5-15 所示。可以看出，横向偏差和相对偏航角都收敛到零，也就是说，车辆能够根据预览的曲率跟随道路行驶，车道保持辅助系统有效。

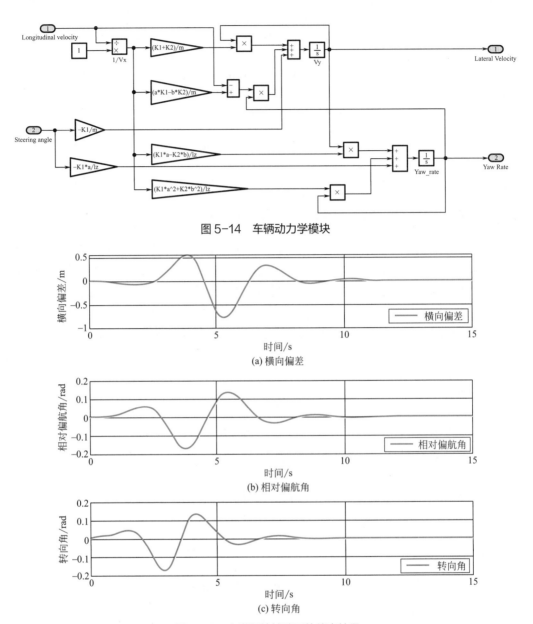

图 5-14 车辆动力学模块

图 5-15 车道保持辅助系统仿真结果

【例 5-2】

基于 Matlab 测试平台的车道保持辅助系统仿真。

解：Matlab 提供了车道保持辅助系统测试平台。

1. 车道保持辅助系统测试平台模型

车道保持辅助系统测试平台模型如图 5-16 所示。

车道保持辅助系统测试平台主要由车道保持辅助（Lane Keeping Assist）模块、车辆和环境（Vehicle and Environment）模块、用户控制（User Controls）和模型按钮（Model Buttons）组成。

车道保持辅助模块主要控制车辆的前轮转角；车辆和环境模块主要模拟汽车的

运动和环境。用户控制包括启用辅助（Enable Assist）、安全横向距离（Safe Lateral Distance）和协助状态（Assist Status）。启用辅助有关闭（Off）和打开（On）模式；安全横向距离可以设置最小值和最大值；协助状态显示的是反映输入值的颜色，未定义是红色，当有数值输入时，红色变成灰色。模型按钮打开后，会显示初始化模型使用的数据脚本，该脚本加载 Simulink 模型所需的某些常量，例如车辆模型参数、控制器设计参数、道路场景和驾驶员路径。

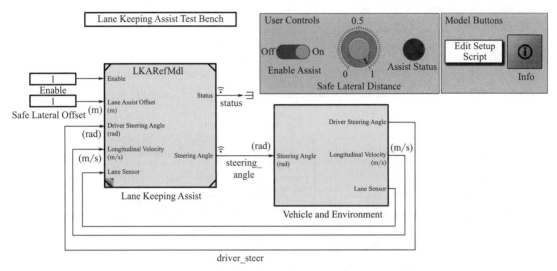

图 5-16　车道保持辅助测试平台模型

本实例汽车质量为 1575kg，转动惯量为 2875kg·m²，质心至前轴距离为 1.2m，质心至后轴距离为 1.6m，前轮侧偏刚度为 19000N/m，后轮侧偏刚度为 33000N/m。

（1）车道保持辅助模块仿真模型　车道保持辅助模块仿真模型如图 5-17 所示。

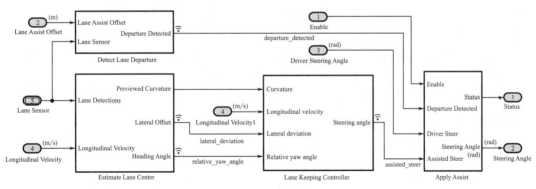

图 5-17　车道保持辅助模块仿真模型

车道保持辅助模块仿真模型又由车道偏离检测（Detect Lane Departure）、估计车道中心（Estimate Lane Center）、车道保持控制器（Lane Keeping Controller）和应用辅助（Apply Assist）模块组成。

① 车道偏离检测模块如图 5-18 所示，当车辆太靠近检测车道时，车道偏离检测模块输出为真的信号；当车辆和车道边界之间的偏移小于车道辅助偏移输入时，可以检测到车辆偏离。

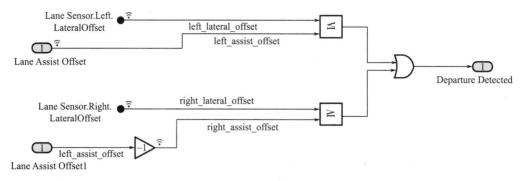

图 5-18　车道偏离检测模块

② 估计车道中心模块如图 5-19 所示，它将来自车道检测传感器的数据输出到车道保持控制器。

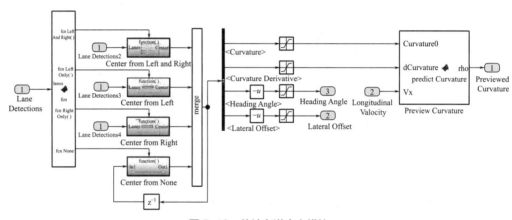

图 5-19　估计车道中心模块

③ 车道保持控制器模块的目标是通过控制前轮转向角使车辆保持在车道上并沿着弯曲的道路行驶。车道保持控制器根据传感器检测的道路曲率、横向偏差、相对偏航角和汽车的行驶速度计算汽车的转向角度。

④ 应用辅助模块如图 5-20 所示，它决定是由车道保持控制器控制汽车还是由驾驶员控制汽车，应用辅助模块在驾驶员指令转向和车道保持控制器的辅助转向之间切换。当检测到车道偏离时，辅助转向开始；当驾驶员再次开始在车道内转向时，控制权返还给驾驶员。

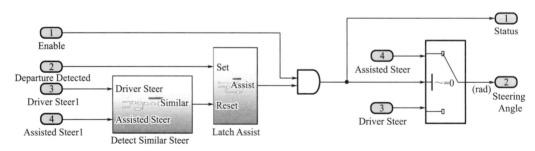

图 5-20　应用辅助模块

（2）车辆和环境模块仿真模型　车辆和环境模块实现车道保持控制器的闭环仿真。车辆和环境模块仿真模型如图 5-21 所示。

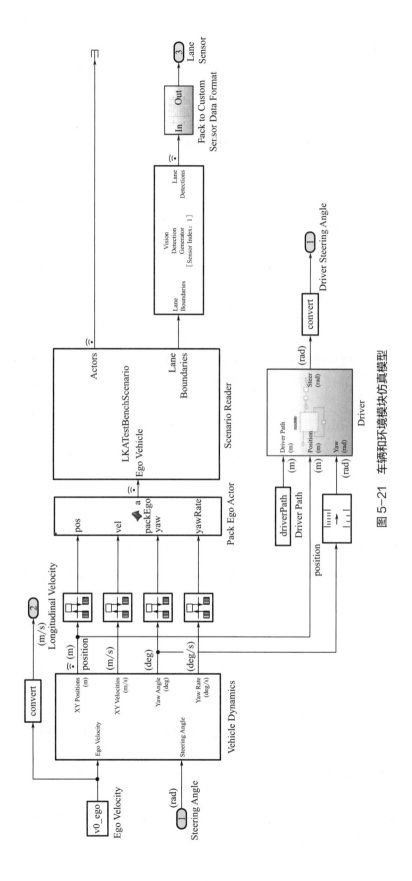

图 5-21 车辆和环境模块仿真模型

车辆和环境模块仿真模型由车辆动力学（Vehicle dynamics）、对象和传感器模拟（Actors and Sensor Simulation）和驾驶员模型（Driver Model）组成。

① **车辆动力学模块**如图 5-22 所示，使用的是单轨汽车 3 自由模型。

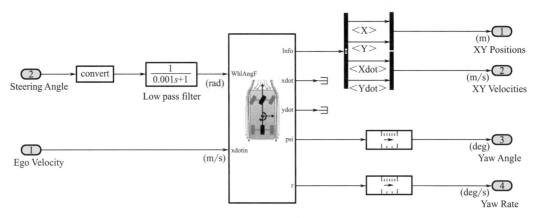

图 5-22　车辆动力学模块

② **对象和传感器模拟模块**主要包括场景读取器和视觉检测生成器。场景读取器根据车辆相对于场景的位置生成理想的左车道和右车道边界；视觉检测生成器从场景读取器中获取理想的车道边界，对单目摄像机的视场建模，并确定航向角、曲率、曲率导数和每个道路边界的有效长度，并考虑任何其他障碍物。

③ **驾驶员模型模块**如图 5-23 所示，根据创建的驾驶员路径生成驾驶转向角度。

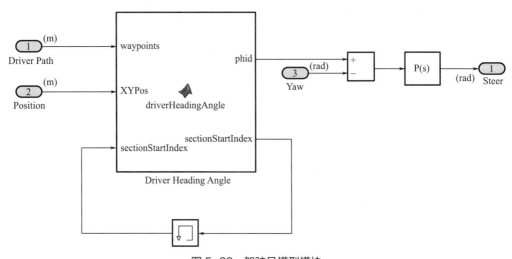

图 5-23　驾驶员模型模块

可以根据需要，修改仿真模型的参数；如果仿真满足要求，还可以自动生成控制算法的代码。

2. 车道保持辅助系统仿真

车道保持辅助系统动态仿真如图 5-24 所示。

两种驾驶路径的比较如图 5-25 所示。当道路曲率发生变化时，驾驶员可能会将车辆驾驶到另一车道。带有车道保持辅助系统的车辆，当道路曲率发生变化时，车辆仍保持在车道中。

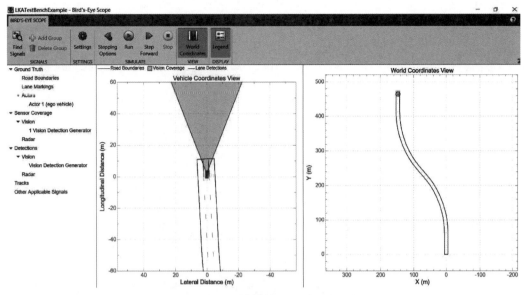

图 5-24　车道保持辅助系统动态仿真

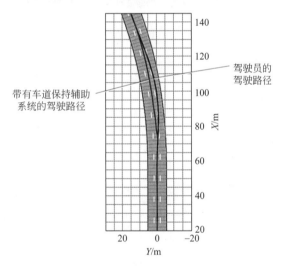

图 5-25　两种驾驶路径的比较

【例 5-3】

利用 CarSim 和 Matlab 软件对车道保持辅助系统进行联合仿真。

解：车道保持辅助系统可以利用 CarSim 和 Matlab 软件进行联合仿真。在仿真过程中，首先确定仿真对象，即选定车型并定义其相应参数，建立数据库。主要过程为：在 CarSim 中新建一个 Datesets，设置空气阻力，若不考虑其影响可以设定为 0；选择轮胎类型，如 Pacejka Tire Model；设置汽车纵向速度不变，选择刹车控制为 No Braking；路面设置为摩擦系数为 1.0 的平坦路面；设置车型及参数，如 D-Class 车型，复制其默认参数文件后进行修改，也可以直接利用默认的参数。其中，道路可以根据仿真工况的不同进行修改，参考轨迹界面如图 5-26 所示，可以通过建立表格对点的位置进行确定后生成连贯的曲线，也可以利用函数图像或预设的轨迹线，如设置轨迹为双移线，验证车道保持系统对道路中心线的跟踪能力。

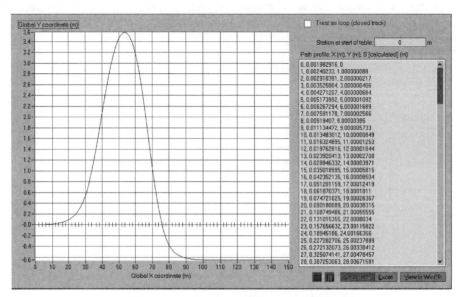

图 5-26　CarSim 中双移线参考轨迹设置界面

完成车辆模型和路面设置后，将搭建好的汽车模型以 S-Function 形式发送至 Simulink 中，并与控制算法连接建立联合仿真模型，如图 5-27 所示。汽车模型将状态量输入车道保持预测控制器，控制器求解得到未来预测时域内控制量序列，即前轮转角，再作用于汽车模型。

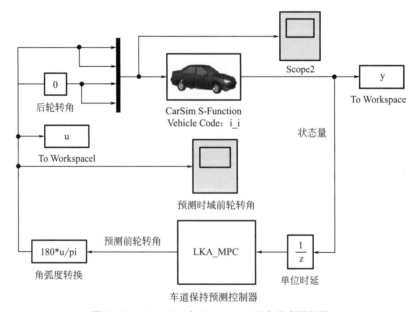

图 5-27　CarSim 与 Simulink 联合仿真模型图

在车道保持辅助系统仿真中，可以设置不同仿真工况，以测试系统性能。下面进行初始位置偏离修正工况仿真、双移线低速跟踪仿真和可变预测时域模型预测控制算

　智能网联汽车先进驾驶辅助系统（ADAS）

法仿真。

1. 初始位置偏离修正工况仿真

初始位置偏离修正工况是在系统检测出车道偏离后，车道保持控制器主动介入转向控制，使汽车快速回到车道中心线上的过程。仿真时采用仅考虑汽车前轮转角约束和横摆角速度约束的模型预测控制器对汽车加以控制，设采样周期

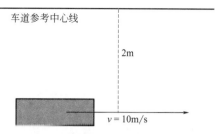

图5-28　初始位置偏离修正工况示意图

$T=0.05s$，预测时域 $N=20$，控制时域 $P=5$，汽车沿 X 方向的车速 $v=10m/s$ 保持不变，汽车初始位置距车道中心线为 2m，初始航向与车道中心线一致，横摆角为 0，该工况设计如图 5-28 所示。

仿真得到汽车运动轨迹如图 5-29 所示，图中由方块组成的曲线是汽车的运动轨迹，直线 $Y=2$ 为车道参考中心线。其他线代表每一采样时刻对应的预测时域内的预测轨迹，系统在每个优化过程中仅执行解算出的预测控制序列中第一个采样周期内的控制指令，由仿真结果可知，模型预测控制算法可快速完成初始位置偏离修正控制。在偏离修正过程中，系统存在小幅超调，这与预测时域及控制时域的选取有关。

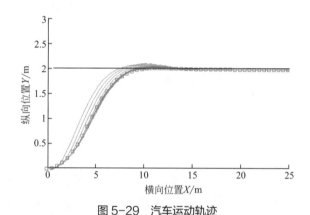

图5-29　汽车运动轨迹

汽车航向角变化如图 5-30 所示，航向角在 0.4s 左右达到最大值，之后逐渐减小。

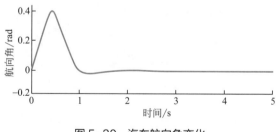

图5-30　汽车航向角变化

汽车前轮转角变化如图 5-31 所示，最大值为 0.12rad，约 6.8°，在设定的约束范围 $-15° \leqslant \delta_f \leqslant 15°$。

汽车侧向速度变化如图 5-32 所示，在 0.4s 左右出现最大侧向速度，约为 4m/s。

图 5-33 所示为在 CarSim 中生成的初始位置偏离修正过程仿真动画截图，分别用 5 个时刻的车辆位置及状态来表述偏离修正过程。

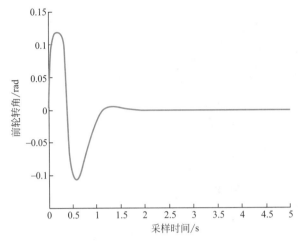

图 5-31　汽车前轮转角变化

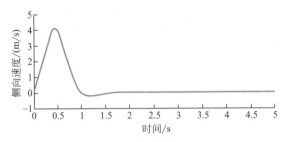

图 5-32　汽车侧向速度变化

图 5-33　偏离修正过程仿真动画截图

2. 双移线低速跟踪仿真

取汽车参考纵向速度 $v = 5\text{m/s}$，设定采样周期 $T = 0.02\text{s}$，预测时域 $N = 30$，控制时域 $P = 5$，仿真时间为 30s。图 5-34 所示为通过仿真得到的汽车轨迹和参考轨迹对比，图 5-35 所示为仿真过程中汽车航向角和参考航向角对比。

由图 5-34 和图 5-35 可知，仿真过程中汽车可较好地跟踪参考轨迹和参考航向角，最大跟踪误差约为 0.15m，仿真后期，航向角趋近于 0，侧向位移趋近于 -0.65m。在跟踪过程中，相比参考轨迹，实际轨迹变化稍稍滞后，符合控制的一般规律。

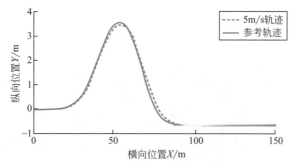

图 5-34　汽车轨迹和参考轨迹对比

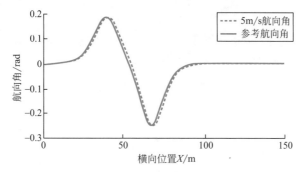

图 5-35　汽车航向角和参考航向角对比

3. 可变预测时域模型预测控制算法仿真

实际汽车车道保持过程中,在保证汽车不发生车道偏离的前提条件下,应尽可能减少跟踪过程中的超调与振荡,提高控制稳定性。随着速度的变化,使用单一预测时域的模型预测控制器难以满足全速范围内车道保持跟踪的控制要求。在低速时,过大的预测时域会导致计算量增大;高速时,过小的预测时域会导致控制稳定性下降。因此为获得全速范围内良好的控制效果,并兼顾计算量负担,选取的预测时域应随速度变化而变化。

可变预测时域模型预测控制算法仿真结果如图 5-36 所示。

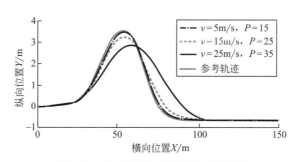

图 5-36　可变预测时域控制仿真轨迹图

可以看出,采用可变预测时域模型预测控制算法可控制汽车在不同车速下平稳地完成车道跟踪过程,跟踪过程中汽车状态始终满足约束条件。在高速工况下汽车与参考轨迹间循迹误差较大,最大可达 1.3m,在标准高速公路车道宽为 3.75m 的情况下,可认为汽车未处于车道偏离状态。

图 5-37 所示为在 CarSim 中生成的仿真动画截图，用 7 个不同时刻的汽车运动状态来表示路径跟踪过程。

图 5-37　轨迹跟踪仿真动画截图

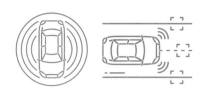

第六章
自动紧急制动系统

第一节　自动紧急制动系统的定义与组成

一、自动紧急制动系统的定义

自动紧急制动（Autonomous Emergency Braking，AEB）系统是实时监测车辆前方行驶环境，并在可能发生碰撞危险时自动启动车辆制动系统使车辆减速，以避免碰撞或减轻碰撞的系统。它是基于环境感知传感器（如毫米波雷达或视觉传感器）感知前方可能与车辆、行人或其他交通参与者发生的碰撞风险，并通过系统自动触发执行机构来实施制动，以避免碰撞或减轻碰撞程度的先进驾驶辅助系统，如图 6-1 所示。

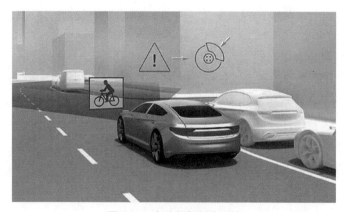

图 6-1　自动紧急制动系统

自动紧急制动系统一般还包含紧急制动、前向碰撞预警以及紧急制动辅助功能。

二、自动紧急制动系统的组成

自动紧急制动系统主要由行车环境信息采集单元、电子控制单元和执行单元等组成，如图 6-2 所示。

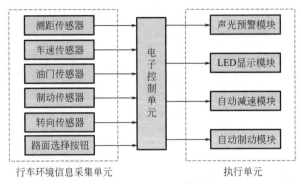

图 6-2　自动紧急制动系统的组成

1. 行车环境信息采集单元

行车环境信息采集单元由测距传感器、车速传感器、油门传感器、制动传感器、转向传感器以及路面选择按钮等组成，对行车环境进行实时检测，得到相关行车信息。测距传感器用来检测本车与前方目标的相对距离和相对速度，目前，自动紧急制动系统常见的测距技术主要利用毫米波雷达、视觉传感器以及二者的融合；车速传感器用来检测本车的速度；油门传感器用来检测驾驶员在收到系统提醒预警后是否及时松开油门，对本车实行减速措施；制动传感器用来检测驾驶员是否踩下制动踏板，对本车实施制动措施；转向传感器用来检测车辆目前是否正处于弯道路面上行驶或处于超车状态，系统凭此来判断是否需要进行预警抑制；路面选择按钮是为了方便驾驶员对路面状况信息进行选择，从而方便系统对预警距离的计算。需要采集的信息因系统不同而不同，所有采集到的信息都将被送往电子控制单元。

2. 电子控制单元

电子控制单元接收行车环境信息采集单元的检测信号后，综合收集到的数据信息，依照一定的算法程序对车辆行驶状况进行分析计算，判断车辆所适用的预警状态模型，同时对执行单元发出控制指令。

3. 执行单元

执行单元可以由多个模块组成，如声光预警模块、LED 显示模块、自动减速模块和自动制动模块等，根据系统不同而不同。它用来接收电子控制单元发出的指令，并执行相应的动作，达到预期的预警效果，实现相应的车辆制动功能。当系统检测到存在危险状况时，首先进行声光预警，提醒驾驶员；当系统发出预警之后，如果驾驶员没有松开油门，则系统会发出自动减速控制指令；在减速之后系统检测到危险仍然存在时，说明目前车辆行驶处于极度危险的状况，需要对车辆实施自动强制制动。

第二节　自动紧急制动系统的工作原理与要求

一、自动紧急制动系统的工作原理

汽车自动紧急制动系统采用测距传感器测出与前车或障碍物的距离，然后利用电子控制单元将测出的距离与预警距离、安全距离等进行比较，小于预警距离时就进行预警提示，而小于安全距离时，即使在驾驶员没来得及踩制动踏板的情况下，自动紧急制动系统也会启动，使汽车自动制动，从而为安全出行保驾护航。

图 6-3 所示为自动紧急制动系统的工作过程。自动紧急制动系统从传感器探测到前方车辆（目标车辆）开始，持续监测与前车之间的距离以及前车的车速，同时从总线获取本车的车速信息，通过运算，结合普通驾驶员的反应能力，判断当前形势并做出合适的应对。

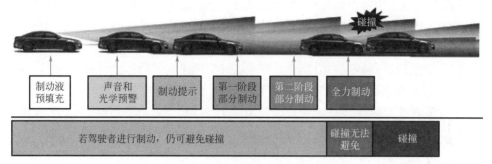

图 6-3 自动紧急制动系统的工作过程

二、自动紧急制动系统的要求

自动紧急制动（AEB）系统的要求包括技术要求、性能要求、系统失效后的警告信号要求、驾驶员干预性能要求、相邻车道车辆制动误响应性能要求以及车道内铁板误响应性能要求。

1. 技术要求

自动紧急制动系统具有以下技术要求。

① AEB 系统应能向驾驶员提供以下合适的预警及警告信号：在 AEB 系统检测到可能与在前方同一车道以较低车速行驶、减速行驶或静止的车辆发生碰撞时，应发出碰撞预警信号；在 AEB 系统可能发生失效时，应发出失效警告信号；AEB 系统自检或发生电子电气故障时不应出现明显的延迟；对安装有 AEB 系统手动功能关闭装置的车辆，应在 AEB 系统手动功能关闭时发出功能关闭警告。

② 碰撞预警信号应采用声学、触觉及光学信号中的至少两种。

③ 车辆制造商应在试验时对预警、警告信号指示方式及向驾驶员警告的顺序进行说明，并在试验报告中予以记录。

④ 如果采用光学信号作为碰撞预警信号之一，可采用闪烁的碰撞预警信号；碰撞预警信号应采用常亮的黄色预警信号，可用文字或图形表示。

⑤ 当点火（启动）开关处于"On"（运行）状态或点火（启动）开关处于"On"（运行）和"启动"之间制造商指定用作检查的位置时，每个光学警告信号都应启动点亮。该要求不适用于在共用空间显示的警告信号。共用空间是指可以不同步地显示两种或多种信息功能（如标志）的区域。

⑥ 光学警告信号即使在白天也应清晰可见，便于驾驶员在正常的驾驶位置查看信号状态是否符合要求。

2. 性能要求

自动紧急制动系统具有以下性能要求。

① AEB 系统除按照规定关闭无法工作以外，在所有车辆载荷状态下都至少应在 15km/h 至 AEB 系统最高工作车速之间正常运行。

② 对静止目标条件下的预警和启动进行试验，碰撞预警模式的时间设定应符合下列规定：被试车辆最迟应在紧急制动阶段开始前 1s 以声学、触觉及光学至少两种模式预警；预警阶段的速度下降不应超过 15km/h 或被试车辆速度下降总额的 30%，取较高者。

③ 对移动目标条件下的预警和启动进行试验，碰撞预警模式的时间设定应符合下列规定：被试车辆最迟应在紧急制动阶段开始前 1s 以声学、触觉及光学至少两种模式预警；预警阶段的速度下降不应超过 15km/h 或被试车辆速度下降总额的 30%，取较高者。

④ 对制动目标条件下的预警和启动进行试验，碰撞预警模式的时间设定应符合下列规定：被试车辆最迟应在紧急制动阶段开始前 1s 以声学、触觉及光学至少两种模式预警；预警阶段的速度下降不应超过 15km/h 或被试车辆速度下降总额的 30%，取较高者。

3. 系统失效后的警告信号要求

按失效检测进行试验，符合《汽车操纵件、指示器及信号装置的标志》（GB 4094—2016）规定的常亮的光学警告信号最迟应在车辆以大于 15km/h 的车速行驶 10s 时启动，并且只要模拟的失效仍然存在，车辆在静止状态下关闭点火开关又重新打开后，失效警告信号应立即重新点亮。

4. 驾驶员干预性能要求

自动紧急制动系统具有以下驾驶员干预性能要求。

① AEB 系统可允许驾驶员中断预警。

② AEB 系统应保证驾驶员能够中断紧急制动。

③ 上述两种情形均可通过表明驾驶员意识到紧急状态的主动动作（例如，踩下加速踏板、打开转向灯及车辆制造商规定的其他方式）中断。

④ 安装 AEB 系统功能关闭控制装置应满足的要求：AEB 系统功能关闭以后应在车辆再次启动时自动恢复；AEB 系统功能关闭以后应采用常亮的光学预警信号向驾驶员预警，可采用规定的黄色预警信号。

5. 相邻车道车辆制动误响应性能要求

按相邻车道车辆制动误响应进行试验，AEB 系统不应发出碰撞预警，也不应启动紧急制动功能。

6. 车道内铁板误响应性能

按车道内铁板误响应进行试验，AEB 系统不应发出碰撞预警，也不应启动紧急制动功能。

第三节 自动紧急制动系统的测试

一、国家标准规定的测试方法

《乘用车自动紧急制动系统（AEBS）性能要求及试验方法》（GB/T 39901—2021）

规定了乘用车自动紧急制动系统的测试方法。

1. 测试条件

自动紧急制动系统的测试要满足以下条件。

① 试验应在水平、干燥、具有良好附着能力的混凝土或沥青路面上进行，附着系数应大于 0.8。

② 测试环境温度应为 0 ～ 45℃。

③ 水平可视范围应确保能够在整个试验中观察目标，能见度应为 500m 以上。

④ 试验时风速应不大于 5m/s。

2. 预警和启动试验

预警和启动试验包括静止目标条件下的预警和启动试验、移动目标条件下的预警和启动试验以及制动目标条件下的预警和启动试验。

（1）静止目标条件下的预警和启动试验 静止目标条件下的预警和启动试验应用满足以下要求。

① 被试车辆应在试验功能部分之前至少 2s 沿直线向静止目标行驶，被试车辆与目标两者中心线的偏差不超过 0.5m。

② 试验功能性部分应在被试车辆以（30±2）km/h 的速度行驶且距离目标至少 60m 时开始。

③ 除为防止车辆方向偏移对转向进行轻微调整外，从试验功能性部分开始直至被试车辆停止，驾驶员不应对被试车辆进行任何调整。

（2）移动目标条件下的预警和启动试验 移动目标条件下的预警和启动试验应用满足以下要求。

① 被试车辆和移动目标应在试验功能性部分之前至少 2s 沿直线同向行驶，被试车辆与目标中心线的偏差不超过 0.5m。

② 试验功能性部分应在被试车辆以（50±2）km/h 的速度行驶、移动目标以（20±2）km/h 的速度行驶且两者相距至少 120m 时开始。

③ 除为防止车辆方向偏移对转向进行轻微调整外，从试验功能性部分开始直至被试车辆车速与目标车速相等为止，驾驶员不应对被试车辆进行任何调整。

（3）制动目标条件下的预警和启动试验 制动目标条件下的预警和启动试验应用满足以下要求。

① 被试车辆和制动目标应在试验功能性部分之前至少 2s 沿直线同向行驶，被试车辆与目标中心线的偏差不超过 0.5m。

② 试验功能性部分应在被试车辆以（50±2）km/h 的速度行驶；制动目标以（50±2）km/h 的速度、（−4±0.25）m/s² 的加速度行驶且两者相距至少 40m 时开始。

③ 除为防止车辆方向偏移对转向进行轻微调整外，从试验功能性部分开始直至被试车辆车速与目标车速相等为止，驾驶员不应对被试车辆进行任何调整。

预警和启动制动的合格应满足以下条件。

① 碰撞预警，最迟应在紧急制动阶段开始前 1.0s 激活触觉、声学及光学预警的至少两种预警。

② 速度降低，不发生碰撞。

3. 失效检测试验

① 按规定模拟 AEB 系统失效，模拟 AEB 系统失效时，不应切断驾驶员预警信号的电路连接或 AEB 系统手动关闭控制装置。

② 只要模拟的失效仍然存在，车辆在静止状态下关闭点火开关又重新打开后，检查失效警告信号是否立即重新点亮。

4. 驾驶员干预性能试验

对安装有 AEB 系统功能关闭控制装置的车辆，将点火开关置于"点火"（运行）位置并关闭 AEB 系统，预警信号应点亮。将点火开关置于"熄火"（关闭）位置；然后再次将点火开关置于"点火"（运行）位置，确认此前曾点亮的预警信号并未点亮。如果点火系统通过钥匙启动，则应在未拔出钥匙的条件下满足上述要求。

5. 相邻车道车辆制动误响应试验

① 两辆静止的车辆按如下状态放置：与被试车辆行驶方向相同；两车内侧相距 3.5m；两车的尾部对齐，并与被试车辆头部相距 50m。

② 被试车辆朝着两辆静止的车辆行驶并以（50±2）km/h 的恒定速度从两辆静止的车辆中间通过。除为防止车辆方向偏移对转向进行轻微调整外，试验中不应对被试车辆进行任何调整。

6. 车道内铁板误响应试验

① 道路中铁板按如下规定和状态放置：圆形，直径为 600mm，厚度为 10mm；位于被试车辆行驶方向前方；与被试车辆相距 50m。

② 被试车辆朝着铁板行驶并以（50±2）km/h 的恒定速度从铁板中间通过。除为防止车辆方向偏移对转向进行轻微调整外，试验中不应对被试车辆进行任何调整。

二、E-NCAP 规定的测试方法

E-NCAP（欧洲新车安全评鉴协会）根据 AEB 系统工作形式的不同，将其分为 AEB+FCW 工况、单独 AEB 工况以及单独 FCW 工况三种情况。E-NCAP 试验评价方法中将汽车 AEB 系统测试方法分为车与车工况、车与行人工况。

1. 车与车工况

车与车工况主要分为以下三种情况。

（1）车与车后方接近静态试验　前方目标车辆静态下后方测试车辆接近的状况。根据实际调查情况，车辆事故的第一种普遍情况是在前车静态下发生的。根据系统分类和工作形式分类，车与车后方接近静态试验的速度见表 6-1，其示意图如图 6-4 所示。

表 6-1　车与车后方接近静态试验的速度

工况	AEB+FCW		单独 AEB	单独 FCW
	AEB	FCW		
城市工况	10～50km/h	—	10～50km/h	—
郊区工况	—	30～80km/h	30～80km/h	30～80km/h

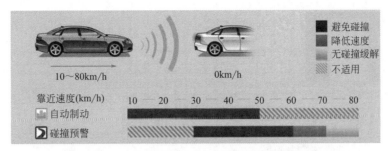

图6-4　车与车后方接近静态试验的示意图

（2）车与车后方接近移动试验　前方目标车辆匀速移动状态下后方测试车辆接近的状况。根据实际调查情况，车辆事故的第二种情况是在前车匀速移动的状况下发生的。根据系统分类和工作形式分类，车与车后方接近移动试验的速度见表6-2，其示意图如图6-5所示。

表6-2　车与车后方接近移动试验的速度

AEB+FCW		单独 AEB	单独 FCW
AEB	FCW		
30～70km/h	50～80km/h	30～80km/h	50～80km/h

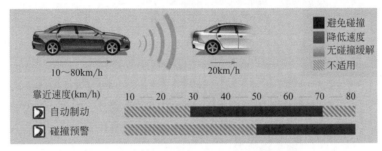

图6-5　车与车后方接近移动试验的示意图

（3）车与车后方接近制动试验（CCRb）　前方目标车辆匀速移动中突然制动状态下后方测试车辆接近的状况。根据实际调查情况，车辆事故的第三种情况是在前车移动中突然制动的状况下发生的。根据系统分类和工作形式分类，车与车后方接近制动试验的速度见表6-3，其示意图如图6-6所示。

表6-3　车与车后方接近制动试验的速度

工况	两车间距	AEB+FCW、单独 AEB、单独 FCW	
		制动减速度 2m/s^2	制动减速度 6m/s^2
城市工况	12m	10～50km/h	10～50km/h
郊区工况	40m	30～80km/h	30～80km/h

以上三种测试方法是根据前方目标车辆的状态变化，后方测试车辆在不同车速下

对 AEB 系统进行的全面的性能测试。其中，车与车后方接近静态试验和车与车后方接近移动试验根据表 6-1 和表 6-2 提供的车速区间，从小到大用 5km/h 或者 10km/h 的车速间隔进行试验。车与车后方接近制动试验规则是在两车都以 50km/h 速度行驶，两车间距为 12m 和 40m 的两种情况下，前车模拟实际情况，分别以 $2m/s^2$ 和 $6m/s^2$ 的减速度进行制动，以此来测试系统的性能。

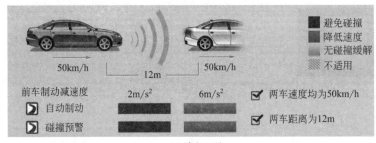

(a) 城市工况

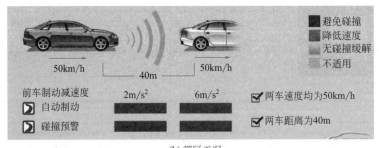

(b) 郊区工况

图 6-6　车与车后方接近制动试验示意图

2. 车与行人工况

车与行人工况主要分为以下三种情况。

① 车与行人工况 1，清晰状态下遇到行人从左侧人行道进入车道。

② 车与行人工况 2，隐蔽状态下遇到行人从左侧人行道进入车道。

③ 车与行人工况 3，清晰状态下遇到行人从右侧人行道快步进入车道。

第四节　自动紧急制动系统的仿真实例

【例 6-1】

利用 Matlab 的 AEB 系统测试平台仿真模型进行仿真。

解： AEB 系统主要使用毫米波雷达和视觉传感器融合来检测本车前方潜在的碰撞目标，准确、可靠和稳健的检测通常需要多个传感器，同时最大限度地减少误报。这就是传感器融合技术在 AEB 系统中发挥重要作用的原因。

1. AEB 系统测试平台仿真模型

AEB 系统测试平台仿真模型如图 6-7 所示。

AEB 系统测试平台仿真模型由基于传感器融合的 AEB（AEB with Sensor Fusion）模块、车辆和环境模块（Vehicle and Environment）、仪表板显示（Dashboard Panel

Display）和模型按钮（Model Button）组成。

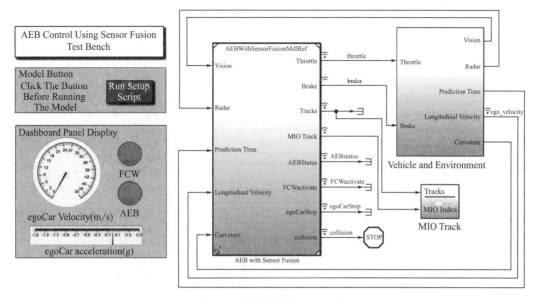

图 6-7　AEB 系统测试平台仿真模型

基于传感器融合的 AEB 模块包含传感器融合算法和 AEB 控制器；车辆和环境模块包括驾驶场景阅读器、毫米波雷达和视觉检测器，它们模拟汽车的运动和环境；仿真模型左侧的仪表板显示本车的速度、加速度以及自动制动辅助和前向碰撞预警（FCW）控制器的状态；模型按钮打开后，会显示初始化模型使用的数据脚本，该脚本加载 Simulink 模型所需的某些常量，例如模型参数、驾驶场景、本车初始条件、AEB 控制参数、跟踪与传感器融合参数、本车建模参数、速度控制器参数、总线创建等。

（1）基于传感器融合的 AEB 模块　基于传感器融合的 AEB 模块如图 6-8 所示。

该模块包含跟踪和传感器融合算法（Tracking and Sensor Fusion）以及速度控制器（Speed Controller）、加速度机器人（Accelerator Robot）和 AEB 控制器（AEB Controller）模块。

① 跟踪和传感器融合算法模块如图 6-9 所示，它处理来自车辆和环境子系统的视觉传感器和毫米波雷达检测，并生成目标车辆相对于本车的位置和速度。

② 速度控制器模块如图 6-10 所示，它通过使用比例积分（PI）控制器使本车按驾驶员设定的速度行驶。

③ 加速度机器人模块如图 6-11 所示，当激活 AEB 系统时，加速器机器人子系统释放车辆加速器。

④ **AEB 控制器模块**如图 6-12 所示。AEB 控制器用于实现基于停止时间计算方法的前向碰撞预警（FCW）和 AEB 控制算法。

AEB 控制器子模块又由 TTC 计算（TTC Calculation）模块、停止时间计算（Stopping Time Calculation）模块和 AEB 逻辑（AEB_Logic）模块组成。

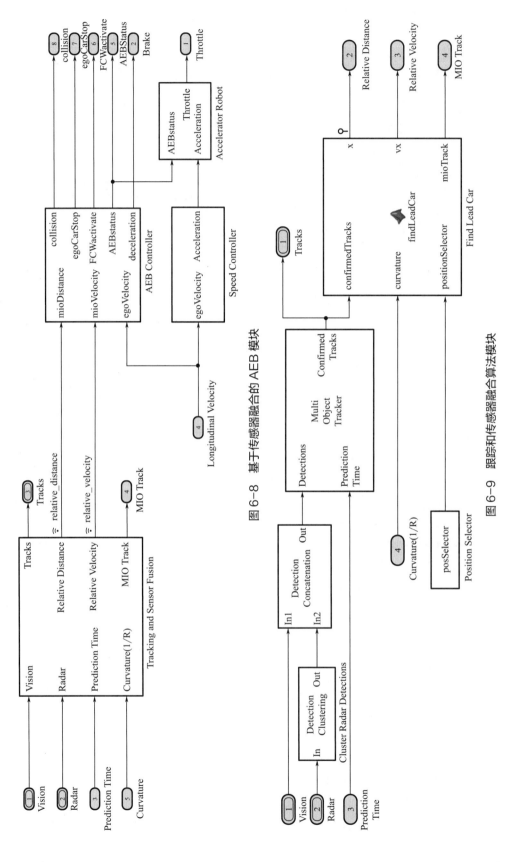

图 6-8 基于传感器融合的 AEB 模块

图 6-9 跟踪和传感器融合算法模块

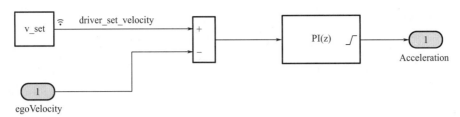

图 6-10　速度控制器模块

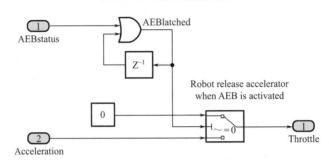

图 6-11　加速度机器人模块

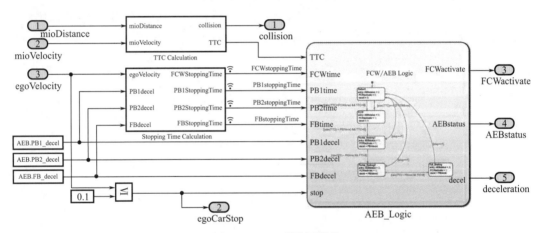

图 6-12　AEB 控制器模块

TTC 是指本车与前方目标车辆的碰撞时间，一般使用与前方目标车辆的相对距离和速度来计算 TTC。TTC 计算模块如图 6-13 所示。

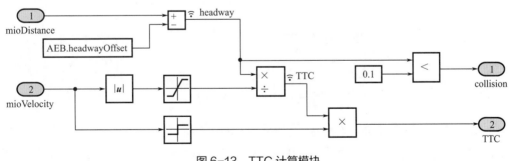

图 6-13　TTC 计算模块

停止时间计算模块如图 6-14 所示，它分别计算 FCW、一级（PB1）和二级（PB2）部分制动和完全制动（FB）的停止时间。

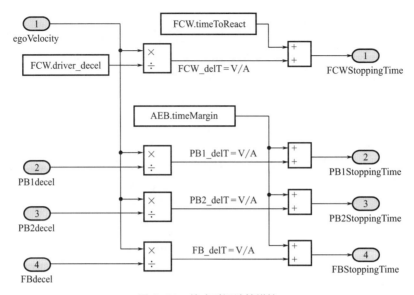

图 6-14　停止时间计算模块

AEB 逻辑模块如图 6-15 所示，它是一种状态机，将 TTC 与停止时间进行比较，以确定 FCW 和 AEB 是否激活。

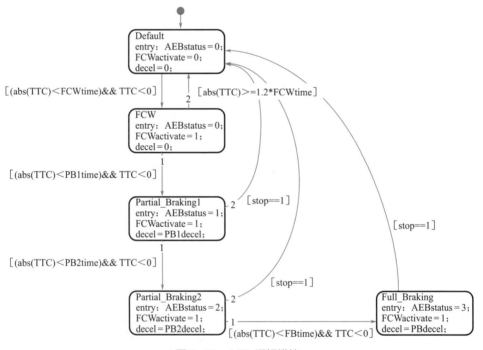

图 6-15　AEB 逻辑模块

（2）**车辆与环境模块**　车辆与环境模块如图 6-16 所示。

车辆与环境模块又包括车辆动力学（Vehicle Dynamics）模块、驾驶员转向模型（Driver Steering Model）模块以及对象和传感器模拟（Actors and Sensor Simulation）模块。

①　车辆动力学模块如图 6-17 所示，用车辆动力学块组中的单轨车辆模型来模拟本

车动力学。

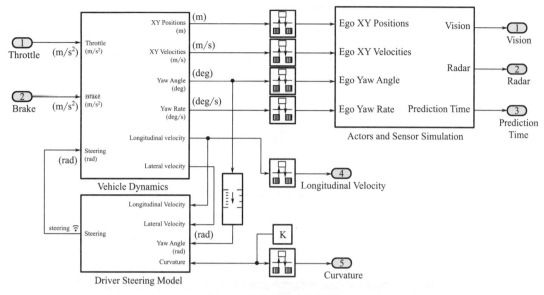

图 6-16　车辆与环境模块

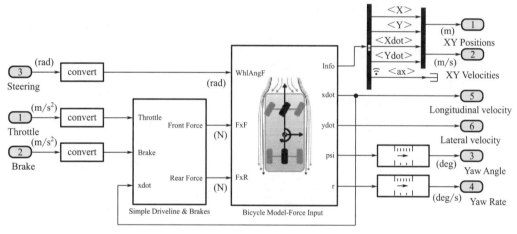

图 6-17　车辆动力学模块

② 驾驶员转向模型模块如图 6-18 所示，它产生驾驶转向角，以保持本车在其车道上并沿着已定义曲率的弯曲道路行驶。

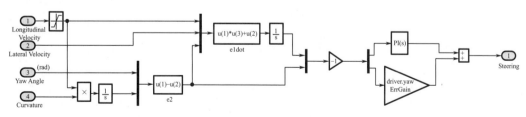

图 6-18　驾驶员转向模型模块

③ 对象和传感器模拟模块如图 6-19 所示，它生成跟踪和传感器融合所需的合成传感器数据。在加载 Simulink 模型之后，执行回调函数来创建一个道路和多个交通参与

者在道路上移动的模拟环境。

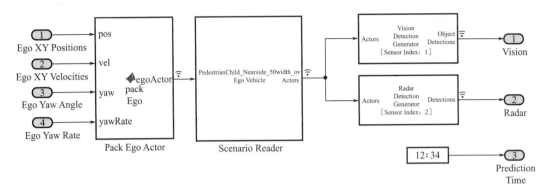

图6-19　对象和传感器模拟模块

2. 自动紧急制动系统仿真

AEB系统的测试驾驶场景如图6-20所示，有三辆车和一个行人。

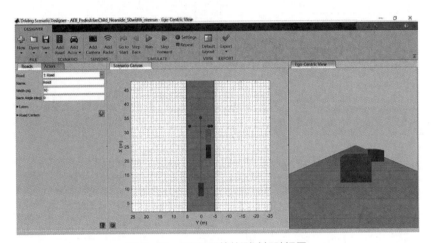

图6-20　AEB系统的测试驾驶场景

AEB系统的模拟结果如图6-21所示。

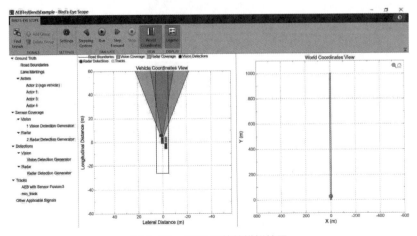

图6-21　AEB系统的模拟结果

模拟结果显示：在最初的 2s 内，本车加速到设定速度；在 2.3s 时，传感器融合算法开始检测行人；检测后，FCW 立即被激活；在 2.4s 时，应用第一阶段的部分制动，本车开始减速；部分制动的第二阶段在 2.5s 时再次施加；当本车最终停止时，本车和行人之间的间隔约为 2.4m。AEB 系统在这种情况下完全避免了碰撞。

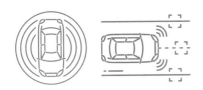

第七章
自适应巡航控制系统

第一节　自适应巡航控制系统的定义与组成

一、自适应巡航控制系统的定义

自适应巡航控制（Adaptive Cruise Control，ACC）系统在汽车行驶过程中，通过安装在汽车前部的测距传感器持续扫描汽车前方道路，同时轮速传感器采集车速信号。本车与前方车辆之间的距离小于或大于安全车距时，燃油汽车的 ACC 系统的电子控制单元通过与制动系统、发动机控制系统协调动作，改变制动转矩和发动机输出功率，对汽车行驶速度进行控制，以使本车与前方车辆始终保持安全车距行驶，避免追尾事故发生，同时提高通行效率，如图 7-1 所示。如果本车前方没有车辆，则本车按设定的车速巡航行驶。

图 7-1　自适应巡航控制系统

对于电动汽车自适应巡航控制系统，发动机更换为驱动电机，通过改变制动转矩和驱动电机的输出功率控制电动汽车的行驶速度。

ACC 系统在控制汽车制动时，通常会将制动减速度限制在不影响舒适的程度，当需要更大的减速度时，ACC 系统会发出预警信号通知驾驶员主动采取制动操作。当本车与前方车辆之间的距离增加到安全车距时，ACC 系统控制汽车按照设定的车速行驶。

二、自适应巡航控制系统的类型

ACC 系统根据对弯道行驶的适应能力分为 4 种类型。
① ACC Ⅰ 类型对弯道半径没有要求。
② ACC Ⅱ 类型要求弯道半径大于或等于 500m。
③ ACC Ⅲ 类型要求弯道半径大于或等于 250m。
④ ACC Ⅳ 类型要求弯道半径大于或等于 125m。

三、自适应巡航控制系统的组成

1. 燃油汽车自适应巡航控制系统的组成

燃油汽车 ACC 系统主要由信息感知单元、电子控制单元、执行单元和人机交互界面等组成，如图 7-2 所示。

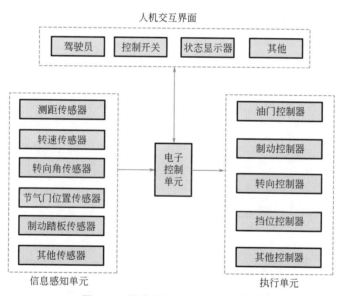

图 7-2　燃油汽车 ACC 系统的组成

（1）**信息感知单元**　信息感知单元主要用于向电子控制单元提供 ACC 系统所需要的各种信息，主要由测距传感器、转速传感器、转向角传感器、节气门位置传感器、制动踏板传感器以及其他传感器等组成。测距传感器用来获取本车与前方目标车辆之间的距离信号，可以使用毫米波雷达、少线束激光雷达和视觉传感器；转速传感器用于获取实时车速信号，一般使用霍尔式转速传感器；转向角传感器用于获取汽车转向信号；节气门位置传感器用于获取节气门开度信号；制动踏板传感器用于获取制动踏板动作信号。

（2）**电子控制单元** 电子控制单元根据驾驶员所设定的安全车距及车速，结合信息感知单元传送来的信息确定本车的行驶状态，决策出汽车的控制策略，并输出油门开度和制动压力信号给执行单元。例如，当本车与前方的目标车辆之间的距离小于设定的安全车距时，电子控制单元计算实际车距和安全车距之差及相对速度的大小，选择减速方式，或通过预警器向驾驶员发出预警，提醒驾驶员采取相应的措施。

（3）**执行单元** 执行单元主要执行电子控制单元发出的指令，实现本车速度和加速度的调整。它包括油门控制器、制动控制器、转向控制器和挡位控制器以及其他控制器等。油门控制器用于调整节气门的开度，使汽车加速、减速或定速行驶；制动控制器用于控制制动转矩或紧急情况下的制动；转向控制器用于控制汽车的行驶方向；挡位控制器用于控制汽车变速器的挡位。

（4）**人机交互界面** 人机交互界面用于驾驶员设定系统参数及系统状态信息的显示等。驾驶员可通过设置在仪表盘或转向盘上的人机界面启动或清除 ACC 系统控制指令。启动 ACC 系统时，要设定本车与目标车辆之间的安全车距以及在巡航状态下的车速，否则 ACC 系统将自动设置为默认值，但所设定的安全车距不可小于设定车速下交通法规所规定的安全车距。

2. 电动汽车自适应巡航控制系统的组成

电动汽车 ACC 系统也由信息感知单元、电子控制单元、执行单元和人机交互界面等组成，如图 7-3 所示。电动汽车相对于燃油汽车，其 ACC 系统的信息采集单元没有节气门位置传感器和制动踏板传感器，执行单元没有油门控制器和挡位控制器，相应增加了电机控制器和再生制动控制器。信息感知单元将传感器测量的距离、速度和加速度等信号输入电子控制单元；电子控制单元对本车行驶环境及运动状态进行分析、计算、决策，输出转矩和制动压力信号；执行单元完成电子控制单元的指令，通过电机控制器和制动控制器来调节本车的行驶速度等；人机交互界面为驾驶员对系统的运行进行观察和干预控制提供操作界面。

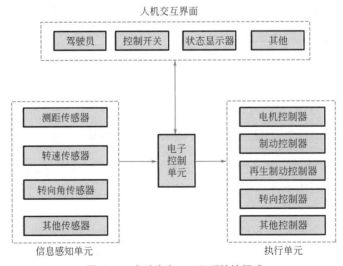

图 7-3 电动汽车 ACC 系统的组成

第二节　自适应巡航控制系统的工作原理与要求

一、自适应巡航控制系统的工作原理

1. 燃油汽车 ACC 系统的工作原理

燃油汽车 ACC 系统的工作原理如图 7-4 所示。驾驶员启动 ACC 系统后，在汽车行驶过程中，安装在汽车前部的测距传感器持续扫描汽车前方道路，同时，转速传感器采集车速信号。当本车前方没有车辆或与前方目标车辆距离很远且速度很快时，控制模式选择模块就会激活巡航控制模式，ACC 系统将根据驾驶员设定的车速和转速传感器采集的本车速度自动调节加速踏板等，使本车达到设定的车速并巡航行驶；如果目标车辆存在且离本车较近或速度很慢，控制模式选择模块就会激活跟随控制模式，ACC 系统将根据驾驶员设定的安全车距和转速传感器采集的本车速度计算出期望车距，并与测距传感器采集的实际距离比较，自动调节制动压力和油门开度等使汽车以一个安全的车距稳定地跟随前方目标车辆行驶。同时，ACC 系统会把汽车目前的一些状态参数显示在人机界面上，方便驾驶员的判断；也装有紧急预警系统，在 ACC 系统无法避免碰撞时及时警告驾驶员并由驾驶员处理紧急状况。

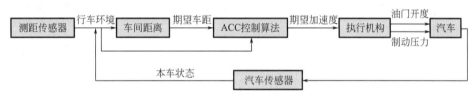

图 7-4　燃油汽车 ACC 系统的工作原理

2. 电动汽车 ACC 系统的工作原理

电动汽车 ACC 系统的工作原理如图 7-5 所示，它与燃油汽车 ACC 系统工作原理基本一样，唯一区别是燃油汽车控制的是油门开度，调节发动机输出转矩；电动汽车控制的是电机转矩，调节电机的输出转矩，而且增加了再生制动控制。

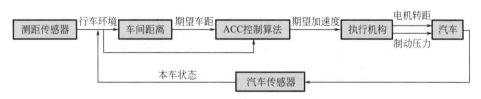

图 7-5　电动汽车 ACC 系统的工作原理

二、自适应巡航控制系统的工作模式

ACC 系统的状态可分为三种：ACC 系统关闭状态、ACC 系统等待状态和 ACC 系统工作状态。ACC 系统的状态及其转换如图 7-6 所示。可手动切换实现 ACC 系统的关闭与非关闭状态的转换，系统检测到错误后将自动关闭 ACC 系统。

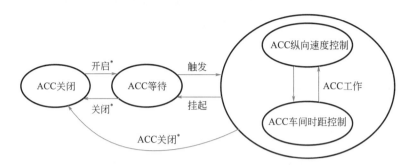

图 7-6　汽车 ACC 系统的状态及其转换

◯—系统状态；*—表示自检以后的手动和（或）自动操作

（1）**ACC 系统关闭状态**　直接的操作动作均不能触发 ACC 系统。

（2）**ACC 系统等待状态**　ACC 系统没有参与车辆的纵向控制，但可随时被驾驶员触发而进入工作状态。

（3）**ACC 系统工作状态**　ACC 系统控制本车的速度和（或）车间时距。车间时距是指本车驶过连续车辆的车间距所需的时间间隔，它等于车间距与车速之比。

ACC 系统的工作模式主要有定速巡航、减速控制、跟随控制、加速控制、停车控制和启动控制等，如图 7-7 所示。图 7-7 中假设本车设定车速为 100km/h，目标车辆行驶速度为 80km/h。

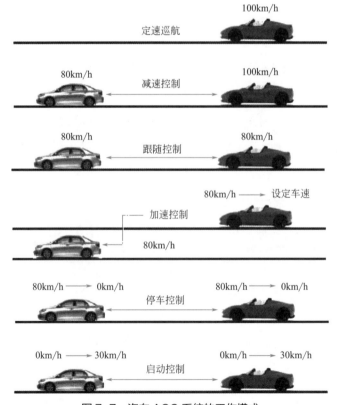

图 7-7　汽车 ACC 系统的工作模式

1．定速巡航

定速巡航是 ACC 系统最基本的功能。当本车前方无目标车辆行驶时，本车将处于普通的巡航行驶状态，ACC 系统按照设定的行驶车速对汽车进行定速巡航控制。

2．减速控制

当本车前方有目标车辆，且目标车辆的行驶速度小于本车的行驶速度时，ACC 系统将控制本车进行减速，确保本车与前方目标车辆之间的距离为所设定的安全车距。

3．跟随控制

ACC 系统将本车速度减至设定的车速值之后采用跟随控制，与前方目标车辆以相同的速度行驶。

4．加速控制

当前方的目标车辆加速行驶或发生移线，或本车移线行驶使得前又无行驶车辆时，ACC 系统将对本车进行加速控制，使本车恢复到设定的车速。在恢复设定的车速后，ACC 系统又转入对本车的巡航控制。

5．停车控制

若目标车辆减速停车，本车也减速停车。

6．启动控制

若本车处于停车等待状态，若目标车辆突然启动，本车也将启动，与目标车辆行驶状态保持一致。

驾驶员参与汽车驾驶后，ACC 系统自动退出对汽车的控制。

三、自适应巡航控制系统的要求

ACC 系统的要求主要包括基本控制策略要求、基本性能要求和人机交互要求。

1．基本控制策略要求

ACC 系统具有以下基本控制策略要求

① 当 ACC 系统处于工作状态时，本车通过对速度的自动控制来保持与前车一定的车间时距或预先的设定速度（以两者中速度低者为准）。这两种控制模式之间的转换可由 ACC 系统自动完成。

② 稳定状态的车间时距可由系统自动调节或由驾驶员调节。

③ 当本车的速度低于最低工作速度时，应禁止由"ACC 系统等待状态"向"ACC 系统工作状态"的转换。此外，如果系统处于"ACC 系统工作状态"并且速度低于最低工作速度，自动加速功能应被禁止，此时 ACC 系统可由"ACC 系统工作状态"自动转换为"ACC 系统等待状态"。

④ 如果前方存在多辆车，则 ACC 系统应自动选择跟随本车道内最接近的前车。

2．基本性能要求

ACC 系统具有以下基本性能要求

（1）**控制模式**　控制模式（车间时距控制和车速控制）应自行转换。

（2）**车间时距**　可供选择的最小稳态车间时距应适应各种车速下的 ACC 系统，应大于或等于 1s，并且至少应提供一个在 1.5 ～ 2.2s 区间内的车间时距。

（3）**本车速度**　ACC 系统可以控制本车的行驶速度。

（4）**静止目标**　对静止目标的响应不是 ACC 系统所具备的功能，如果 ACC 系统不能对静态目标做出响应，则应在车辆的用户使用手册中予以声明。

（5）**跟踪能力**　ACC 系统应具备相关标准中规定的直道的探测距离、目标车辆识别能力以及弯道适应能力。

① 直道的探测距离。如果前车位于 d_1 至 d_{max} 的距离范围内，则 ACC 系统需要测量本车与前车之间的距离；如果前车位于 d_0 至 d_1 的距离范围内，则 ACC 系统需要探测前车的存在，而不需要测量本车与前车之间的距离和相对速度，同时，ACC 系统应增加车间距和（或）禁止自动加速；如果前车与本车的距离小于 d_0，则 ACC 系统无须探测前车的存在，如图 7-8 所示。

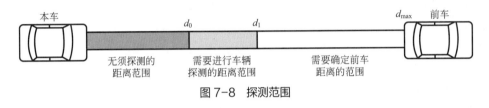

图 7-8　探测范围

需要确定本车至前车的最大距离为

$$d_{max} = \tau_{max}(u_{set\_max})u_{set\_max} \tag{7-1}$$

式中，u_{set_max} 为可供选择的最高车速；$\tau_{max}(u_{set\_max})$ 为最高车速下可以获得的最大的稳态车间时距。

需要进行车辆探测的距离为

$$d_1 = \tau_{min}(u_{low})u_{low} \tag{7-2}$$

式中，u_{low} 为允许车辆自动加减速所要求的最低车速；$\tau_{min}(u_{low})$ 为最低车速下可以获得的最小的稳态车间时距。

无须探测的距离为

$$d_0 = max[2, 0.25u_{low}] \tag{7-3}$$

② 目标车辆识别能力。如果在直道上前方存在多辆车，或者在弯道上并且本车的 ACC 系统属于 Ⅱ 类型、Ⅲ 类型或 Ⅳ 类型，则与本车处于同一车道的前车将被选作 ACC 系统控制的目标车辆，如图 7-9 所示。

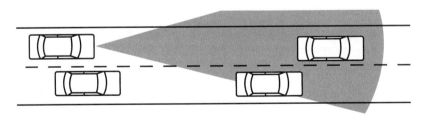

图 7-9　目标车辆识别

③ 弯道适应能力。ACC 系统能够使车辆在直道和弯道上以车间时距 $\tau_{max}(u_{circle})$ 稳定跟随前车行驶。因此，如果前车沿半径为 R_{min} 的弯道以恒速 u_{cricle} 行驶，ACC 系统可

使本车以稳定的车间时距 $\tau_{max}(u_{circle})$ 跟随前车。不同类型的 ACC 系统对弯道半径的适应能力不同：ACC Ⅰ类型仅适应直道；ACC Ⅱ类型可适应的弯道最小半径为 500m；ACC Ⅲ类型可适应的弯道最小半径为 250m；ACC Ⅳ类型可适应的弯道最小半径为 125m。

在弯道上给定最大侧向加速度下的最高车速为

$$u_{cricle} - \sqrt{a_{lateral\_max}R_{min}} \tag{7-4}$$

式中，$a_{lateral\_max}$ 为道路弯道上的最大设计侧向加速度，ACC Ⅱ类型为 2.0m/s²，ACC Ⅲ类型和 ACC Ⅳ类型为 2.3m/s²。

3. 人机交互要求

ACC 系统具有以下人机交互要求。

① ACC 系统应为驾驶员提供一种用来选择并设定期望车速的方法。

② 当驾驶员施加的制动力大于 ACC 系统的制动力时，驾驶员的制动行为将使 ACC 系统失效（切换到 ACC 系统等待状态）。ACC 系统不应明显地削弱车辆对驾驶员制动输入的瞬时响应能力。即使在 ACC 系统处于自动制动的情况下，也不应明显削弱车辆对驾驶员踏板制动力的动态响应能力。

③ 当驾驶员与 ACC 系统均有发动机动力控制（节气门输入）请求时，以两者中的大者为准，这将使驾驶员对发动机动力控制的优先权始终高于 ACC 系统。如果驾驶员的制动需求高于 ACC 系统时，ACC 系统的自动制动应立即释放。对驾驶员控制加速踏板不应有明显的响应延迟。

④ ACC 系统不干涉 ABS 系统和 ASR 系统。

⑤ ACC 系统可适当调整车间时距以适应驾驶环境的变化（如恶劣天气），但被调整后的车间时距不应低于驾驶员的设定值。

⑥ 为驾驶员提供最基本的反馈信息，包括 ACC 系统状态以及设定速度等，并且它们可以组合在一起显示输出，例如，仅在 ACC 系统处于工作状态时才显示设定速度信息，且应使显示不影响驾驶行为；如果 ACC 系统关闭或者出现故障，应及时提示驾驶员。

第三节　自适应巡航控制系统的模型

一、燃油汽车 ACC 系统动力学模型

燃油汽车 ACC 系统动力学模型主要包括发动机模型、液力变矩器模型、自动变速器模型、汽车行驶模型及执行器模型等。

1. 发动机模型

发动机模型分为稳态模型和动态模型。发动机工作比较复杂，影响因素较多，一般认为发动机稳态输出转矩是节气门开度和转速的函数，即

$$M_s = f(\theta, \ n) \tag{7-5}$$

式中，M_s 是发动机稳态输出转矩；θ 为发动机节气门开度；n 为发动机转速。

稳态模型一般采用试验建模，即将发动机稳态试验获得的每个节气门开度下的输

出转矩与转速数据，用三次多项式拟合后得到发动机稳态输出转矩为

$$M_s = a_0 + a_1 n + a_2 n^2 + a_3 n^3 \tag{7-6}$$

式中，a_0、a_1、a_2、a_3为拟合系数。

发动机节气门调节既与稳态特性有关，又与动态特性有关，所以应建立发动机的动态模型。一般将发动机的动态输出转矩简化为一阶线性模型，用传递函数表示为

$$M_e = \frac{M_s}{1 + st_e} \tag{7-7}$$

式中，M_e为发动机动态输出转矩；t_e为发动机响应滞后时间；s为拉普拉斯算子。

根据发动机到液力变矩器的力矩传递关系，可以得到发动机动态输出转矩与液力变矩器泵轮转矩之间的关系为

$$I_e \dot{\omega}_e = M_e - M_p \tag{7-8}$$

式中，I_e为发动机转动部件和液力变矩器泵轮的有效转动惯量；ω_e为发动机曲轴旋转角速度；M_p为液力变矩器泵轮转矩。

2. 液力变矩器模型

液力变矩器一般安装在发动机和自动变速器之间，主要由泵轮、涡轮和导轮组成，以液压油为工作介质，起传递转矩、变矩、变速及离合的作用。

液力变矩器泵轮转矩为

$$M_p = K_{tc}\left(\frac{\omega_t}{\omega_p}\right)\omega_p^2 \tag{7-9}$$

式中，K_{tc}为液力变矩器容量系数；ω_t为液力变矩器涡轮角速度；ω_p为液力变矩器泵轮角速度。

液力变矩器涡轮转矩为

$$M_t = M_p \tau\left(\frac{\omega_t}{\omega_p}\right) \tag{7-10}$$

式中，τ为液力变矩器转矩比系数。

3. 自动变速器模型

自动变速器的主要作用是减速和增矩。变速器输入轴和液力变矩器的涡轮相连接，其转速和转矩分别为涡轮转速和涡轮转矩。自动变速器输出轴角速度和转矩分别为

$$\omega_0 = \frac{\omega_t}{i_g}$$
$$M_0 = M_t i_g \tag{7-11}$$

式中，i_g为自动变速器挡位传动比。

4. 汽车行驶模型

汽车在平坦路面巡航行驶时，其行驶方程式为

$$F_t = F_f + F_w + F_j + F_b \tag{7-12}$$

式中，F_t为汽车驱动力；F_f为汽车滚动阻力；F_w为汽车空气阻力；F_j为汽车加速阻力；F_b为汽车制动力。

汽车驱动力与自动变速器输出轴转矩之间的关系为

$$F_t = \frac{M_0 i_0 \eta_t}{R} \tag{7-13}$$

式中，i_0 为主减速器传动比；η_t 为传动系统机械效率；R 为车轮半径。

汽车滚动阻力为

$$F_f = mgf \tag{7-14}$$

式中，m 为汽车质量；f 为滚动阻力系数。

汽车空气阻力为

$$F_w = \frac{C_D A u^2}{21.15} \tag{7-15}$$

式中，C_D 为空气阻力系数；A 为汽车迎风面积；u 为汽车行驶速度。

汽车加速阻力为

$$F_j = \delta m \dot{u} \tag{7-16}$$

式中，δ 为汽车旋转质量换算系数。

汽车制动力为

$$F_b = K_b p_b \tag{7-17}$$

式中，K_b 为制动压力比例系数；p_b 为制动压力。

将式（7-13）～式（7-17）代入式（7-12）得燃油汽车行驶减速度为

$$\dot{u} = \frac{1}{\delta m}\left(\frac{M_0 i_0 \eta_t}{R} - K_b p_b - mgf - \frac{C_D A u^2}{21.15} \right) \tag{7-18}$$

5. 执行器模型

执行器模型包括节气门执行器模型和制动执行器模型，输入量分别是期望的节气门开度和期望的制动压力，输出量是实际的节气门开度和制动压力。

节气门执行器与发动机节气门相连，为了实现对节气门快速、准确地跟踪控制，节气门执行器采用脉宽调制信号控制的直流电机驱动机构。节气门控制器、直流电机和节气门位置传感器组成闭环控制保证节气门的实际位置与期望位置一致。

节气门执行器采用二阶振荡系统模型，即

$$\alpha_{es} = t_{\alpha1} \ddot{\alpha} + t_{\alpha2} \dot{\alpha} + \alpha \tag{7-19}$$

式中，α_{es} 为期望的节气门开度；α 为实际节气门开度；$t_{\alpha1}$、$t_{\alpha2}$ 为二阶振荡系统的常数。

制动执行器由于受液压管路挤压膨胀和制动液体积变化的影响，制动系统存在一定的响应迟滞，可以采用一阶振荡系统模型，即

$$p_{es} = t_b \dot{p}_b + p_b \tag{7-20}$$

式中，p_{es} 为期望的制动压力；p_b 为实际制动压力；t_b 为一阶振荡系统的常数。

二、电动汽车 ACC 系统动力学模型

电动汽车 ACC 系统动力学模型主要包括汽车行驶模型和驱动电机模型。

1. 汽车行驶模型

电动汽车行驶方程式与燃油汽车行驶方程式形式一样，只是驱动力表达式不一样。

电动汽车驱动力为

$$F_t = \frac{T_t i_t}{R} \eta_t \qquad (7\text{-}21)$$

式中，T_t 为电机输出转矩；i_t 为传动系统总传动比；η_t 为传动系统机械效率；R 为车轮半径。

如果不考虑再生制动的影响，则电动汽车行驶减速度为

$$\dot{u} = \frac{1}{\delta m}\left(\frac{T_t i_t \eta_t}{R} - K_b p_b - mgf - \frac{C_D A u^2}{21.15}\right) \qquad (7\text{-}22)$$

2. 驱动电机模型

以三相交流感应电机为例，建立电动汽车驱动电机模型。三相交流感应电机物理等效模型如图 7-10 所示，定子和转子均为相差 120°的三相对称绕组，转子定轴线分别为 A、B 和 C，定子动轴线分别为 a、b 和 c。向定子线圈通三相交流电，定子 A 相和转子 a 相电阻分别为 R_s 和 R_r，转子逆时针旋转，角速度为 ω_{re}。当转子转过角度为 θ_{re} 时，定子 A 相自感及其与转子 a 相互感分别为 L_s 和 M，转子 a 相自感及其与定子 A 相互感分别为 l_r 和 $M\cos\theta_{re}$。

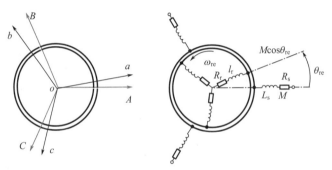

图 7-10　三相交流感应电机物理等效模型

用三相静止坐标系表示绕组磁链方程式为

$$[\psi] = \begin{bmatrix} \psi_s \\ \psi_r \end{bmatrix} = \begin{bmatrix} L_{ss} & L_{sr} \\ L_{rs} & L_{rr} \end{bmatrix}\begin{bmatrix} i_s \\ i_r \end{bmatrix} \qquad (7\text{-}23)$$

式中，ψ 为绕组总磁链；ψ_s 为定子绕组总磁链；ψ_r 为转子绕组总磁链；L_{ss} 为定子绕组的自感；L_{rr} 为转子绕组的自感；L_{sr}、L_{rs} 分别为定子绕组和转子绕组的互感；i_s 为定子绕组总电流；i_r 为转子绕组总电流。

用三相静止坐标系表示电压方程为

$$\begin{bmatrix} u_s \\ u_r \end{bmatrix} = \begin{bmatrix} R_s & 0 \\ 0 & R_r \end{bmatrix}\begin{bmatrix} i_s \\ i_r \end{bmatrix} + \begin{bmatrix} L_{ss} & L_{sr} \\ L_{rs} & L_{rr} \end{bmatrix}\begin{bmatrix} \dfrac{di_s}{dt} \\ \dfrac{di_r}{dt} \end{bmatrix} + \begin{bmatrix} \dfrac{dL_{ss}}{d\theta_m} & \dfrac{dL_{sr}}{d\theta_m} \\ \dfrac{dL_{rs}}{d\theta_m} & \dfrac{dL_{rr}}{d\theta_m} \end{bmatrix}\begin{bmatrix} i_s \\ i_r \end{bmatrix}\omega_{re} \qquad (7\text{-}24)$$

式中，u_s 为定子绕组总电压；u_r 为转子绕组总电压；R_s 为定子单相绕组的电阻；R_r 为转子单相绕组的电阻；θ_m 为转子机械转角；ω_{re} 为电机转子旋转角速度。

三相绕组储存的电磁能为

$$W = \frac{1}{2}\begin{bmatrix} i_s \\ i_r \end{bmatrix}^T \begin{bmatrix} L_{ss} & L_{sr} \\ L_{rs} & L_{rr} \end{bmatrix} \begin{bmatrix} i_s \\ i_r \end{bmatrix} \tag{7-25}$$

电磁转矩为

$$T_e = \frac{\partial W}{\partial \theta_m} = n_p \frac{\partial W}{\partial \theta} = \frac{1}{2} n_p \begin{bmatrix} i_s \\ i_r \end{bmatrix}^T \begin{bmatrix} 0 & \dfrac{\partial L_{sr}}{\partial \theta} \\ \dfrac{\partial L_{rs}}{\partial \theta} & 0 \end{bmatrix} \begin{bmatrix} i_s \\ i_r \end{bmatrix} \tag{7-26}$$

式中，n_p 为感应电机极对数。

三相交流感应电机的运动方程为

$$T_e - T_L = \frac{J}{n_p} \times \frac{\mathrm{d}\omega_{re}}{\mathrm{d}x} + \frac{D}{n_p}\omega_{re} + \frac{K}{n_p}\theta_m \tag{7-27}$$

式中，T_L 为负载转矩；J 为整个系统的转动惯量；D 为阻转矩阻尼系数；K 为扭转弹性转矩系数。

当负载为恒转矩时，有 $D=K=0$。

三、汽车安全车距模型

安全车距是指在同一车道上，同向行驶的前后两车之间保持既不发生汽车追尾、又不降低通行能力的适当距离，保证 ACC 系统能正常工作。通过计算安全车距，可以及时提醒驾驶员注意，并能够在必要时采取措施避免事故发生，减轻事故造成的危害。

高速公路上行车的理想交通条件是在同一车道上，同向行驶的车辆均为单一车辆，以相同的速度连续不断地行驶，车辆之间保持一定的车间距（前车尾部与本车头部之间的距离），构成一种稳定的交通流。如果跟随车辆的车间距过小，则容易发生汽车追尾碰撞事故；如果车间距过大，又会影响道路的通行能力。

1. 汽车停车距离

典型的汽车制动过程如图 7-11 所示，驾驶员识别前方交通情况，意识到应进行紧急制动，将右脚移动到制动踏板并紧急制动，直到汽车停止。

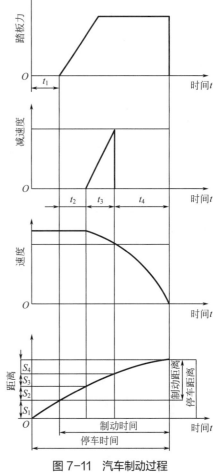

图 7-11 汽车制动过程

汽车制动过程可以分为 4 个时间段，即驾驶员反应时间 t_1、制动器协调时间 t_2、制动器作用时间 t_3 以及制动器持续时间 t_4。

（1）**驾驶员反应时间 t_1** 驾驶员反应时间是指从驾驶员接到制动信号到把脚力加到制动踏板上所经历的时间。其中包括驾驶员接到制动信号并做出决定把脚从加速踏板换到制动踏板上、消除制动踏板间隙等所需要的时间，一般需要 0.4～1.5s，这与驾驶员反应快慢有关。在这段时间里，汽车减速度为零，车速为原来的初速度 u_0，行驶距离 S_1 等于初速度乘以驾驶员反应时间，即

$$S_1 = u_0 t_1 \tag{7-28}$$

（2）**制动器协调时间 t_2** 制动器协调时间是指驾驶员从施加制动踏板力开始到产生制动力，从而产生减速度的时间，其中包括消除各铰链和轴承间隙的时间，以及制动摩擦片完全贴靠在制动鼓或制动盘上需要的时间。t_2 大小与制动器型式有关，液压制动系统取 0.015～0.03s；气压制动系统取 0.05～0.06s。在这段时间里，忽略发动机或驱动电机的阻力矩和汽车行驶阻力引起的减速度，减速度仍为零，车速仍为初速度 u_0，行驶距离 S_2 等于初速度乘以制动器协调时间，即

$$S_2 = u_0 t_2 \tag{7-29}$$

（3）**制动器作用时间 t_3** 制动器作用时间是指减速度从零增加到最大值 $a_{j_{max}}$ 所需的时间，在这段时间里，汽车做变减速运动，任一时刻减速度为

$$\ddot{x} = \frac{a_{j_{max}}}{t_3} t \tag{7-30}$$

行驶速度为

$$u = u_0 + \int \frac{a_{j_{max}}}{t_3} t \mathrm{d}t = u_0 + \frac{a_{j_{max}}}{2t_3} t^2 \tag{7-31}$$

制动器作用时间 t_3 内行驶的距离为

$$S_3 = \int_0^{t_3} u \mathrm{d}t = u_0 t_3 + \frac{a_{j_{max}}}{6} t_3^2 \tag{7-32}$$

（4）**制动器持续时间 t_4** 制动器持续时间是指制动减速度保持一段最大值的时间。在这段时间里，汽车做匀减速运动。t_3 时间的末端速度为

$$u_1 = u_0 + \frac{a_{j_{max}}}{2} t_3 \tag{7-33}$$

制动器持续时间 t_4 内行驶的距离为

$$S_4 = \frac{-u_1^2}{2a_{j_{max}}} = -\frac{u_0^2}{2a_{j_{max}}} - \frac{a_{j_{max}}}{8} t_3^2 - \frac{u_0 t_3}{2} \tag{7-34}$$

汽车停车距离为

$$S = S_1 + S_2 + S_3 + S_4 = u_0 \left(t_1 + t_2 + \frac{t_3}{2} \right) - \frac{u_0^2}{2a_{j_{max}}} + \frac{a_{j_{max}}}{24} t_3^2 \tag{7-35}$$

一般情况下，t_3 较小，故可略去其平方项 $\frac{a_{j_{max}}}{24} t_3^2$，若速度以单位 km/h 表示，时间以单位 s 表示，则汽车停车距离 S 为

$$S = \frac{1}{3.6} \left(t_1 + t_2 + \frac{t_3}{2} \right) u_0 - \frac{u_0^2}{25.92 a_{j_{max}}} \tag{7-36}$$

由此可见，决定汽车停车距离的因素是驾驶员反应时间、制动器协调时间和作用

时间、最大制动减速度和起始制动车速。驾驶员反应时间、制动器协调时间和作用时间短，其停车距离短；最大制动减速度大，其停车距离短；起始制动速度高，停车距离长。

汽车最大制动减速度为

$$a_{j_{max}} = \frac{F_{x_{max}}}{m}$$ （7-37）

式中，$F_{x_{max}}$ 为汽车能够产生的最大地面制动力；m 为汽车质量。

最大地面制动力与附着力以及制动系统是否有防抱死装置有关。若允许汽车前、后轮同时抱死，则汽车最大制动减速度为

$$a_{j_{max}} = \mu_s g$$ （7-38）

式中，μ_s 为滑移附着系数。

若装有理想的制动防抱死装置来控制汽车的制动，则汽车最大制动减速度为

$$a_{j_{max}} = \mu_p g$$ （7-39）

式中，μ_p 为峰值附着系数。

汽车制动时，一般不希望任何车轴上的制动器抱死，故 $a_{j_{max}} < \mu_s g$。

2. 汽车安全距离模型

两车在高速公路上同向行驶时，若本车速度大于前方目标车辆速度，两车将会不断接近，本车驾驶员稍不注意，就可能发生碰撞事故。要避免同向行驶的两车相撞，就需要实时判断两车的相对距离是否为安全距离。只要两车相对距离大于或等于安全距离，两车就不会发生追尾。

为了保证行车的绝对安全，取前方目标车辆的极限情况，即前方目标车辆静止。模型采用两次预警的方式，将驾驶员的反应时间和汽车的制动时间分离出来。提醒预警距离考虑驾驶员的反应时间，刹车预警距离不考虑驾驶员的反应时间。

设 S_t 为提醒预警距离，S 为停车距离，S_0 为安全距离，则提醒预警距离为

$$S_t = S + S_0 = \frac{1}{3.6}\left(t_1 + t_2 + \frac{t_3}{2}\right)u_0 - \frac{u_0^2}{25.92 a_{j_{max}}} + S_0$$ （7-40）

前方目标车辆静止状态时的刹车预警距离如图 7-12 所示。

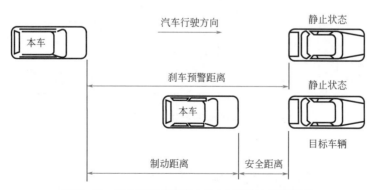

图 7-12　前方目标车辆静止状态时的刹车预警距离

设 S_s 为刹车预警距离，S_b 为制动距离，则刹车预警距离为

$$S_s = S_b + S_0 = \frac{1}{3.6}\left(t_2 + \frac{t_3}{2}\right)u_0 - \frac{u_0^2}{25.92a_{j\text{max}}} + S_0 \qquad (7\text{-}41)$$

计算出提醒预警距离和刹车预警距离，将测距传感器实测的车间距离与预警距离进行比较，就可以确定预警时刻。

第四节 自适应巡航控制系统的控制技术

一、汽车 ACC 系统的控制方法

下面介绍基于雷达（毫米波雷达或少线束激光雷达）的 ACC 系统的控制方法。

燃油汽车 ACC 系统的控制方法如图 7-13 所示，它分为双层控制：第一层根据雷达、车速和加速度传感器信号控制车速和加速度，获得期望车速和期望加速度信号；第二层接收第一层信号的输入，并对驱动系统和制动系统进行调节，输出节气门开度和制动压力指令，从而控制发动机和液压制动装置。

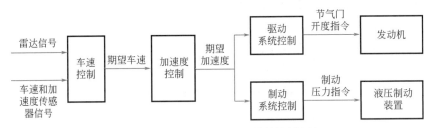

图 7-13 燃油汽车 ACC 系统的控制方法

电动汽车 ACC 系统的控制方法如图 7-14 所示，它分为三层控制：第一层根据雷达和传感器信号控制加速度和转矩，获得期望加速度和期望转矩信号；第二层对第一层输出的期望转矩进行分配，获得期望电机驱动转矩、期望电机制动转矩和期望液压制动转矩；第三层接收第二层信号协调驱动系统和制动系统控制，输出电机驱动转矩指令、电机制动转矩指令和液压制动转矩指令，分别控制驱动电机和液压制动装置。

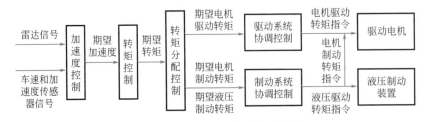

图 7-14 电动汽车 ACC 系统的控制方法

二、汽车 ACC 系统的控制策略

汽车 ACC 系统是基于人 - 车 - 环境的闭环系统，需要合理的控制策略来保证基本功能的实现，驾驶员通过控制开关控制 ACC 系统的工作状态（开和关），设置车速和车距参数，并通过加速和制动踏板对汽车纵向运动进行干预。汽车自适应巡航控制策略主要包括三个：定速巡航与跟车切换策略，以获得期望车速和期望加速度；包含制动转矩分配策略的驱动与制动切换策略，以获得期望驱动转矩和期望制动转矩；驾驶员主动干预控制策略。

电动汽车 ACC 系统的控制策略结构原理如图 7-15 所示，v_h 为本车实际车速；v_r 为相对车速；d_r 为相对车距；v_e 为期望车速；a_e 为期望加速度；T_e 为期望驱动转矩；T_z 为期望制动转矩。

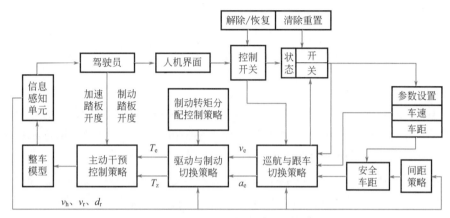

图 7-15　电动汽车 ACC 系统的控制策略结构原理

1. 定速巡航与跟车切换策略

定速巡航模式是本车以 ACC 系统设定的车速为目标车速，达到设定车速后匀速行驶；跟车模式是本车随着目标车辆的运动状态而改变车速，从而保证与目标车辆保持着最佳的行车间距。自适应巡航控制系统就是汽车能根据行驶路况选择合适功能模式保证行车安全，实现对汽车纵向运动的控制，最大限度地提高道路的利用率。定速巡航和跟车模式切换应遵守以下规则。

① 汽车行驶，雷达进行探测，判断是否发现目标车辆。若在雷达的检测范围内没有目标车辆出现，则 ACC 系统进入定速巡航模式，以设定车速匀速行驶；若在雷达的检测范围内发现目标车辆，则进行进一步判断。

② 雷达发现目标车辆，将目标车辆的车速和相对车距信号反馈给本车，若目标车辆车速大于或等于本车设定车速，则进入或者保持定速巡航模式；若目标车辆车速小于本车设定车速，则结合安全车距控制本车车速，进入到跟车模式。

③ 雷达始终处于工作状态，实时探测汽车行驶路况，若发现目标车辆驶离并且出现新的目标车辆，则将新目标车辆的车速和相对距离信号反馈给本车，继续进行跟车；若发现目标车辆突然驶离且无新目标车辆出现，则本车由跟车模式切换到定速巡航模式。

④ ACC 系统作为辅助系统必须遵循始终以驾驶员指令优先的原则，汽车行驶路况复杂，要时刻做好对突发事件做出快速响应的准备，若出现紧急制动、主动干预等强制性动作，则立刻退出 ACC 系统，等待激活指令。

2. 驱动与制动切换策略

电动汽车通常是采用电机再生制动为主，机械制动为辅的制动形式，在 ACC 系统激活状态时只需考虑中轻度和下长缓坡时的制动情况，由紧急制动系统完成紧急制动。

再生制动时电机输出负转矩，通过机械传动将制动转矩作用于车轮，实现电能转化成机械能，这部分的机械能一部分变成热量消失，一部分通过传动装置反传给电机，电机充当发电机对动力蓄电池充电，实现机械能向电能的转换，因此，电机在产生制动转矩的同时会向动力蓄电池回馈能量。为了实现安全制动和高效回收制动能量的双重目标，需要制定合理的制动转矩分配策略。

驱动与制动之间的切换可以根据制动踏板开度和期望输出转矩来确定，只要制动踏板开度大于零，或者期望输出转矩小于零，则禁止一切驱动指令；当期望输出转矩增大到正值且制动踏板没有动作时，切换到驱动模式，避免切换时发生冲突，确保行车安全。

3. 驾驶员主动干预控制策略

任何安全辅助系统都必须遵循优先执行驾驶员操作的原则，当 ACC 系统处于工作状态时，可以通过踏板开度信号来判断驾驶员是否进行干预，同时根据路况通过控制电机转速和踏板开度实时调节车速。

将踏板开度转换成 $0 \sim 1$ 的数字信号，设踏板总行程为 1 对应踏板全开度，并设置门限值为 $|e|$，若期望制动踏板开度数字信号 A_1 与实际制动踏板开度数字信号 A_2 的误差超出设定的误差范围，则 ACC 系统退出工作进入待命状态，由驾驶员决定接下来的指令；驾驶员也可以随时改变 ACC 系统状态，重新激活 ACC 系统，并可以保留或重新设置参数，若处于误差范围内，进入到第二个门限判断；若期望加速踏板开度和实际踏板制动开度数字信号 A_3、A_4 满足 $|A_3-A_4| > |e|$，则 ACC 系统进入待命状态，否则 ACC 系统处于激活状态，ACC 系统正常工作。

三、定速巡航模糊自适应 PID 控制算法

模糊自适应 PID 控制能有效解决模糊控制中无法定义目标的问题，提高系统动态品质，又能够对 PID 控制过程中各参数进行自动调整，具有适应性好、控制精度高以及灵活等优点。

1. 模糊自适应 PID 控制原理

模糊自适应 PID 控制是由二维模糊和 PID 控制算法共同实现的，以设定值与反馈值的误差及其误差变化率作为系统的输入，运用模糊推理，自动实现对 PID 参数的最佳调整。

模糊自适应 PID 控制原理如图 7-16 所示，r_{in} 为输入的设定值，可以选取本车的设定车速；e 和 e_c 分别为车速的误差和误差变化率的精确值；E 和 E_c 分别为车速的误差及误差变化率的模糊值；K_p、K_i 和 K_d 分别为比例、积分及微分系数的模糊值；k_p、k_i 和 k_d 分别为比例、积分及微分系数的动态精确值；y_{out} 为输出的被控变量，是本车的期望车速。

2. 量化比例因子和基本论域

论域包括基本论域（即变量实际变化范围为精确值）和集合论域（即将基本论域模

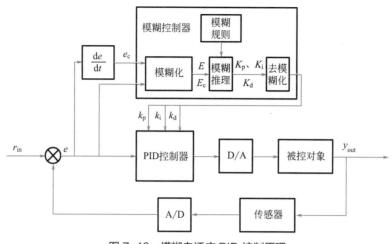

图 7-16　模糊自适应 PID 控制原理

糊化的一个过程），设 e、e_c、k_p、k_i 和 k_d 对应的模糊子集论域表达形式均为 $\{-n, -n+1, -n+2, \cdots, n-2, n-2, n\}$。量化比例因子分别为

$$k_E = \frac{n}{e}$$

$$k_{E_c} = \frac{n}{e_c}$$

$$k_P = \frac{n}{k_p} \qquad (7\text{-}42)$$

$$k_I = \frac{n}{k_i}$$

$$k_D = \frac{n}{k_d}$$

可以取 $[-120，120]$、$[-12，12]$ 作为 e、e_c 的基本论域；取 $[0, 0.2]$、$[0, 0.2]$、$[0, 0.03]$ 作为 k_p、k_i、k_d 的基本论域。

3. 隶属函数和模糊控制规则表

将论域划分成若干等级，划分等级越多，控制精度越高。对于变量 E、E_c、K_p、K_i 和 K_d 均设定为 $\{NB, NM, NS, ZO, PS, PM, PB\}$，同时，对于输入变量取 $n=6$，对于输出变量取 $[0,1]$ 为模糊子集论域。

隶属函数用于描述模糊集合，采用具有良好对称性和光滑性的高斯函数作为隶属函数，变量的隶属函数曲线如图 7-17 所示。

需要确定模糊控制规则用于推理，输出变量 K_p、K_i 和 K_d 为 PID 控制的调节参数，参数数值大小直接影响调节效果和动态性能，因此选取合适的调节参数是达到良好控制效果的关键。

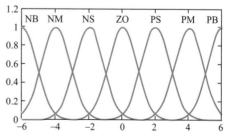

图 7-17　系统变量隶属函数曲线

比例系数 K_p 是决定控制强弱的关键，K_p 变大，调节后的响应速度变快，稳态误差

变小，但是超调量随之变大，易产生振荡，使动态性能及系统的稳定性变差；积分系数 K_i 以消除系统偏差为目标，具有滞后性，K_i 用于小幅度调节，调节效果与 K_p 类似；微分系数 K_d 起到抑制 K_p、K_i 的作用，K_d 变大，超调量变小，有利于提高系统的动态性能，维持系统的稳定性。

根据 K_p、K_i 和 K_d 作用的特点，建立以下相应规则。

① 当 E 趋于正大或负大时，需要快速减小偏差，应增大 K_p，此时调节幅度变大，减小 K_i 与 K_d 避免超调量过大和出现瞬态微分过饱和现象，提高系统的稳定性和动态性能。

② 当 E 和 E_c 趋于正中或负中时，为了继续减小稳态误差同时减小超调量，消除振荡，应增大 K_i 同时减小 K_p；为了抑制 K_p 的控制强度，加快减小超调量，应增大 K_d。

③ 当 E 趋于正小或负小时，系统偏差较小，但为了进一步减小稳态误差，提高系统稳定性和抗干扰能力，应该减小 K_d，适当增大 K_p 和 K_i。

④ 当 E 和 E_c 趋于零时，容易产生游车现象（节气门固定在某一位置，而发动机转速却在一定范围内上下波动），降低汽车行驶的舒适性，因此应允许控制系统存在一定的稳态误差，适当地增大 K_p，减小 K_i，取消微分作用。

静态误差和超调量是实际控制过程中主要考虑的因素，在控制的各个阶段，根据不同的误差和误差变化率来确定比例系数，从而决定比例、积分和微分作用的强弱。对 K_p、K_i 和 K_d 制定的相应的控制规则分别见表 7-1、表 7-2 和表 7-3。将控制规则编入规则编辑器（Rule Editor）中，共有 49 条规则，输入与输出变量特性曲线如图 7-18 所示，采用精度高的重心法进行反模糊化。

表 7-1 K_p 模糊控制规则表

E \ K_p \ E_c	NB	NM	NS	ZO	PS	PM	PB
NB	PB	PB	PM	PM	PS	ZO	ZO
NM	PB	PB	PM	PS	PS	ZO	NS
NS	PM	PM	PM	PS	ZO	NS	NS
ZO	PM	PM	PS	ZO	NS	NM	NM
PS	PS	PS	ZO	NS	NS	NM	NM
PM	PS	ZO	NS	NM	NM	NM	NB
PB	ZO	ZO	NM	NM	NM	NB	NB

表 7-2 K_i 模糊控制规则表

E \ K_i \ E_c	NB	NM	NS	ZO	PS	PM	PB
NB	NB	NB	NM	NM	NS	ZO	ZO
NM	NB	NB	NM	NS	NS	ZO	ZO

E ＼ K_i ＼ E_c	NB	NM	NS	ZO	PS	PM	PB
NS	NB	NM	NS	NS	ZO	PS	PS
ZO	NM	NM	NS	ZO	PS	PM	PM
PS	NM	NS	ZO	PS	PS	PM	PB
PM	ZO	ZO	PS	PS	PM	PB	PB
PB	ZO	ZO	PS	PM	PM	PB	PB

表 7-3　K_d 模糊控制规则表

E ＼ K_d ＼ E_c	NB	NM	NS	ZO	PS	PM	PB
NB	PS	NS	NB	NB	NB	NM	PS
NM	PS	NS	NB	NM	NM	NS	ZO
NS	ZO	NS	NM	NM	NS	NS	ZO
ZO	ZO	NS	NS	NS	NS	NS	ZO
PS	ZO	ZO	ZO	ZO	ZO	ZO	ZO
PM	PB	PS	PS	PS	PS	PS	PB
PB	PB	PM	PM	PM	PS	PS	PB

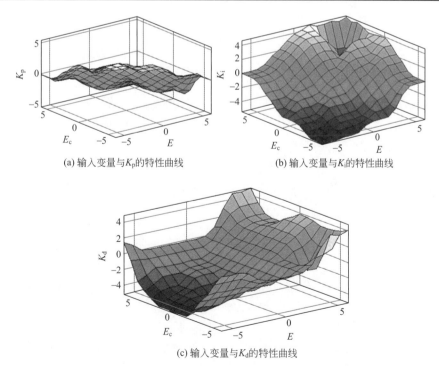

(a) 输入变量与 K_p 的特性曲线　　(b) 输入变量与 K_i 的特性曲线

(c) 输入变量与 K_d 的特性曲线

图 7-18　输入与输出变量特性曲线

四、跟车模式模型预测控制算法

模型预测控制算法是一种基于预测模型的控制算法，其利用滚动优化的方法，以局部最优解代替全局最优解，并充分利用实际控制状态进行反馈校正，来增强控制过程的鲁棒性。它不需要十分精确的数学模型，而且优化算法和约束可以自行设计，具有较好的动态控制效果和广泛的应用前景。

1. 模型预测控制原理

模型预测控制主要包括预测模型、滚动优化、在线校正和参考轨迹，其原理如图 7-19 所示。预测模型的输入和输出分别为 $u(k)$ 和 $y_m(k+i)$，它是根据当前状态信息及输入，计算被控系统未来的状态和输出，可以是状态方程、响应函数或传递函数；滚动优化是获得最优的被控对象输入，它是在有限时域内的反复在线滚动优化，优化算法选取一定的优化指标及约束条件，计算满足约束条件的最优值作为被控量；在线校正是为了消除真实系统与预测模型的失配或环境干扰导致的控制偏差，对产生的偏差进行补偿，同时作为反馈，为下一个采样时刻的滚动优化提供数据，进行新的优化；参考轨迹的输入和输出分别为 $s(k)$、$y(k)$ 和 $y_d(k+i)$，它是预期的控制目标，是平滑、缓和的一条期望曲线。

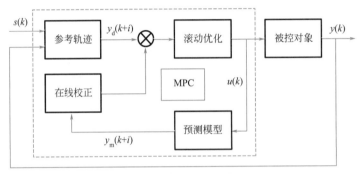

图 7-19　模型预测控制原理

通过滚动优化和在线校正可以克服被控系统的非线性及不确定性，提高系统的稳定性和鲁棒性。模型预测控制的基本思路是求解一个最优化的问题来获得最优的控制序列控制未来的行为。

2. 预测模型

选取本车加速度作为系统控制变量，相对车距、相对车速和本车车速作为系统输入变量，即

$$u(k) = a_h(k)$$
$$x(k) = \begin{bmatrix} d_r(k) & v_r(k) & v_h(k) \end{bmatrix}^T \tag{7-43}$$

式中，$u(k)$ 为系统控制变量；$a_h(k)$ 为本车加速度；$x(k)$ 为系统输入变量；$d_r(k)$ 为本车与目标车辆之间的相对车距；$v_r(k)$ 为本车与目标车辆之间的相对车速；$v_h(k)$ 为本车车速；k 为自然数。

为了简化预测模型，假设目标车辆的加速度为零，本车与目标车辆之间的相对加速度为

$$a_r(k) = -a_h(k) \tag{7-44}$$

$k+1$ 时刻的相对车距、相对车速和本车车速分别为

$$d_r(k+1) = d_r(k) + v_r(k)T_s - \frac{1}{2}a_h(k)T_s^2$$
$$v_r(k+1) = v_r(k) - a_h(k)T_s \tag{7-45}$$
$$v_h(k+1) = v_h(k) + u_h(k)T_s$$

因为输入变量可测,采样时间为 T_s,所以本车 $k+1$ 时刻的预测模型为

$$S : \begin{cases} x(k+1) = Ax(k) + Bu(k) \\ y(k) = Cx(k) \end{cases} \tag{7-46}$$

式中,$x(k+1)=[d_r(k+1) \quad v_r(k+1) \quad v_h(k+1)]^T$;$y(k)=[d_r(k) \quad v_r(k) \quad v_h(k)]^T$;

$$A = \begin{pmatrix} 1 & T_s & 0 \\ 0 & 1 & 0 \\ 0 & 0 & 1 \end{pmatrix};\ B = \begin{pmatrix} -\dfrac{1}{2}T_s^2 \\ -T_s \\ T_s \end{pmatrix};\ C = \begin{pmatrix} 1 & 0 & 0 \\ 0 & 1 & 0 \\ 0 & 0 & 1 \end{pmatrix};\ k = 0,1,2,\cdots,n\ 。$$

增量式预测模型是以控制变量的变化率为系统输入,为了防止加速度变化过大,可以选取加速度的变化率作为系统的输入,提高系统的稳定性,加速度变化率表达式为

$$\Delta u(k) = u(k) - u(k-1) \tag{7-47}$$

将式(7-47)代入式(7-43)得

$$u'(k) = u(k) - u(k-1)$$
$$x'(k) = \begin{bmatrix} d_r(k) & v_r(k) & v_h(k) & u(k-1) \end{bmatrix}^T \tag{7-48}$$

由此获得增量式预测模型为

$$S : \begin{cases} x'(k+1) = Ax'(k) + Bu'(k) \\ y'(k) = Cx'(k) \end{cases} \tag{7-49}$$

式中,$A = \begin{pmatrix} 1 & T_s & 0 & -\dfrac{1}{2}T_s^2 \\ 0 & 1 & 0 & -T_s \\ 0 & 0 & 1 & T_s \\ 0 & 0 & 0 & 1 \end{pmatrix};\ B = \begin{pmatrix} -\dfrac{1}{2}T_s^2 \\ -T_s \\ T_s \\ 1 \end{pmatrix};\ C = \begin{pmatrix} 1 & 0 & 0 & 0 \\ 0 & 1 & 0 & 0 \\ 0 & 0 & 1 & 0 \\ 0 & 0 & 0 & 1 \end{pmatrix};\ k = 0,1,2,\cdots,n\ 。$

3. 滚动优化

自适应巡航控制需要在保证安全性的同时兼顾舒适性的前提下实现跟车功能,因此优化目标可以定为减小跟车误差,约束加速度及其变化率,抑制过大的振荡。

跟车误差的优化目标是在不影响安全性的前提下尽可能小,由于在建立期望相对车距函数时已经考虑安全车距的问题,因此只需要对误差值取极小值,表达式为

$$J_d(k) = \min e_d(k) = \min |d_r(k) - d_e(k)| \tag{7-50}$$

式中,$J_d(k)$ 为跟车误差优化值;$e_d(k)$ 为跟车误差;$d_r(k)$ 为实际相对车距;$d_e(k)$ 为期望相对车距。

跟车的最终目标是在一定时间内与前方目标车辆的车速保持一致,进行稳定跟车,相对车速优化值为

$$J_v(k) = \min v_r(k)$$
$$v_r(k) = 0 \atop k \to \infty \tag{7-51}$$

式中，$J_v(k)$ 为相对车速优化值。

加速度及其变化率在满足约束条件的情况下尽可能取极小值，即

$$J_{a_h}(k) = \min a_h(k) \quad a_{h_{min}}(k) \leqslant a_h(k) \leqslant a_{h_{max}}(k)$$
$$J_{u'}(k) = \min u'(k) \quad u'_{min}(k) \leqslant u'(k) \leqslant u'_{max}(k) \tag{7-52}$$

式中，$J_{a_h}(k)$ 为本车加速度优化值；$J_{u'}(k)$ 为本车加速度变化率优化值；$a_{h_{min}}(k)$ 为加速度最小值；$a_{h_{max}}(k)$ 为加速度最大值；$u'_{min}(k)$ 为加速度变化率最小值；$u'_{max}(k)$ 为加速度变化率最大值。

对控制量和输出量进行约束后，在未来任意时刻，控制量的增量和输出量的预测值的每一次优化都需要满足约束条件，即

$$u'_{min}(k) \leqslant u'(k) = u'(k-1) + \Delta u'(k) \leqslant u'_{max}(k)$$
$$y'_{min}(k) \leqslant y'(k) = y'(k-1) + \Delta y'(k) \leqslant y'_{max}(k) \tag{7-53}$$

式中，$u'_{min}(k)$ 为控制变量的最小值；$u'_{max}(k)$ 为控制变量的最大值；$y'_{min}(k)$ 为输出变量的最小值；$y'_{max}(k)$ 为输出变量的最大值。

二次型优化性能指标的向量形式为

$$\min_{u'(k)} J(k) = \left\| X'(k) \right\|_{Q(k)}^2 + \left\| U'(k) \right\|_{R(k)}^2 \tag{7-54}$$

式中，$X'(k)$ 为输入变量向量形式；$U'(k)$ 为控制变量向量形式；$Q(k)$ 为误差权矩阵；$R(k)$ 为控制权矩阵。

将跟车误差、相对车速与相对加速度作为优化问题的输入变量，即 $X'(k) = \begin{bmatrix} e_d(k) & v_r(k) & a_h(k-1) \end{bmatrix}^T$；加速度变化率作为控制变量，即 $U'(k) = u'(k)$；误差权矩阵为 $Q(k) = diag[q_{e_d}(k), q_{v_r}(k), q_{a_h}(k)]$；控制权矩阵为 $R(k) = r_{u'}(k)$，通过调节权矩阵中的加权系数，对跟车、安全和舒适性能进行平衡，达到最佳效果。

在满足变量约束的情况下，以有限控制量作为优化变量，对未来 N 个时刻在线求出数学规划问题，即转变成二次规划问题求解，得到具体的优化方程为

$$\min_{u'(k)} J(k) = \sum_1^N \left[X'^T(k+1|k) Q(k) X'(k+1|k) \right] + \sum_0^N \left[u'^T(k+1|k) R(k) u'(k+1|k) \right] \tag{7-55}$$

约束条件为

$$S: \begin{cases} x'(k+1) = Ax'(k) + Bu'(k) \\ y'(k) = Cx'(k) \end{cases}$$

$$u'_{min}(k) \leqslant u'(k) \leqslant u'_{max}(k)$$
$$y'_{min}(k) \leqslant y'(k) \leqslant y'_{max}(k)$$

式中，$k+1|k$ 表示在第 k 时刻，通过预测模型预测第 $k+1$ 时刻控制系统的输出。

通常优化方程在某些时刻是无解的，因此需要添加松弛因子。转变后的优化方程为

$$\min_{u'(k)} J'(k) = \min_{u'(k)} J(k) + \rho \varepsilon^2 \tag{7-56}$$

式中，ε 为松弛因子；ρ 为待定系数。

同时还需要将优化方程转化成标准二次型才能进行求解，具体的转化方法可以通

过编程完成，最终的求解通过 Matlab 中的二次规划（quadprog）函数实现。

4. 在线校正

在线校正是将输出的信号反馈到系统的输入进行实时校正。由于本系统整个过程是闭环滚动的，系统的输出即为输入变量，并且可测，因此可以作为下一步预测和优化的基点。

外界不引入其他措施通过状态的刷新，实现预测向实际接近，即循环优化的过程中会产生一系列控制变量增量，不断进行更新，因此每一次输入控制增量进行叠加后再作为系统的输入，每个周期如此反复，实现系统的校正。

第五节　自适应巡航控制系统的测试

一、测试环境

测试环境具有以下要求。

① 测试场地应为水平、干燥、具有良好附着能力的沥青或混凝土路面。

② 温度范围应为 -20 ～ 40℃。

③ 水平能见度应大于 1km。

④ 最大风速应小于 10m/s。

二、测试设备

测量系统应完全独立于待测系统，对于所有测试程序，测试测量系统应能达到以下要求。

① 速度的测量仪器的量程范围为 0 ～ 200km/h，速度测量精度大于 0.2km/h，加速度测量精度大于 0.1m/s^2。

② 相对位置的测量仪器的量程为 0 ～ 300m，距离测量精度大于 0.05m。

三、测试目标

测试目标包括激光雷达、毫米波雷达和视觉传感器的测试目标。

1. 激光雷达的测试目标

激光雷达的测试目标是根据测试目标反射系数和截面积进行定义的。

① 测试目标 A 代表行驶在高速公路上的至少 95% 的车辆，测试目标 B 代表无后方反射面的带有污垢的车辆。

② 测试目标 A 和 B 的最小截面为 20cm^2。

③ 测试目标 A 为反射系数等于 2.0m^2/sr±10% 的漫反射材质。

④ 测试目标 B 为反射系数等于 1.0m^2/sr±10% 的漫反射材质。

2. 毫米波雷达的测试目标

毫米波雷达的测试目标通过雷达截面积进行定义，对于不同的电波频率

（20～95GHz）范围，应明确雷达截面积的定义。

① 目标 A 代表行驶在高速公路上的至少 95% 的车辆，目标 B 代表摩托车。

② 测试目标 A 的雷达截面积应为 $10m^2$。

③ 测试目标 B 的雷达截面积应为 $3m^2$。

3. 视觉传感器的测试目标

视觉传感器的测试目标通过车辆图案与形状进行定义。

① 目标 A 代表行驶在高速公路上的至少 95% 的车辆，目标 B 代表摩托车。

② 测试目标 A 的形状满足乘用车要求，具备后车窗、车灯、车牌以及轮胎等图案。

③ 测试目标 B 的形状满足摩托车要求，具备车灯、车牌以及轮胎等图案。

四、探测距离测试

车辆参考平面为一矩形，宽度与本车宽度相当，高 0.9m，离地 0.2m，它是在综合考虑车体不同位置的横截面以及轿车高度限制的基础上确定的。测试时，至少应保证使位于距离 d_{max} 的车辆参考平面内且具有一定的侧向位置偏移的反射体被探测到，如图 7-20 所示。在距离 d_{max} 处采用雷达截面积为 $10m^2$ 的测试目标 A；在距离 d_0、d_1 和 d_2 处采用雷达截面积为 $3m^2$ 的测试目标 B；d_2 特指本车前方 75m 的距离；探测距离测试应在动态条件下进行，静态测试也可作为补充选择。相同距离的测试应重复 20 次，测试的持续时间最长不应超过测试目标设置后 3s，至少 18 次可以探测到测试目标，即 90% 的成功率。

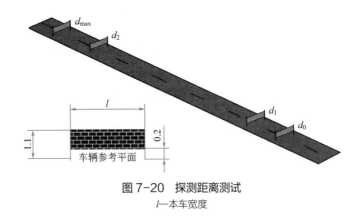

图 7-20　探测距离测试

l—本车宽度

五、目标识别能力测试

1. 初始条件

两辆同型号的车辆在本车的前方以速度 $u_{vehicle\_start}$ 同向行驶，两车纵向中心线间的距离为（3.5±0.25）m，车宽为 1.4～2m。

本车在车间时距控制模式下稳定跟随其中一辆前目标车辆行驶，车间时距为 τ_{max}（$u_{vehicle\_start}$），设定车速大于 $u_{vehicle\_end}$，本车与目标车辆纵向中心线间的侧向偏差小于 0.5m，如图 7-21 所示。图 7-21 中，1 为本车，2 为目标车辆，3 为另一辆目标车辆。

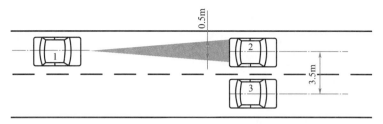

图 7-21　目标识别能力测试初始条件

2. 测试过程

目标车辆加速至 $u_{vehicle\_end}$，如果本车在 ACC 系统工作状态下超过邻车道上的目标车辆，如图 7-22 所示，则测试合格。其中 $u_{vehicle\_end}$=27m/s（约等于 97.2km/h）；如果车辆无法实现上述速度，则采用 $u_{vehicle\_end}$=22m/s（约等于 79.2km/h）；$u_{vehicle\_start}$=$u_{vehicle\_end}$−3m/s。

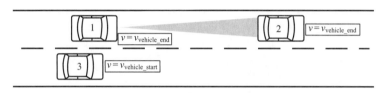

图 7-22　目标识别能力测试结束条件

六、弯道适应能力测试

本测试应考虑对道路几何结构参数进行预测，同时兼顾 ACC 系统传感器的视野范围。由于道路几何结构参数预测方法和前方车辆探测方法不同，故需要设计一个驾驶场景以便进行弯道适应能力测试。

1. 测试场地

测试场地适用于 ACC Ⅱ、ACC Ⅲ 和 ACC Ⅳ 类型系统。测试车道由某一半径的圆或一段足够长的曲线构成，弯道半径的取值范围为（80% ～ 100%）R_{min}。测试车道为双向车道，即可沿顺时针或逆时针方向行驶。对车道标线、护栏等设施没有限制要求，如图 7-23 所示。对于 ACC Ⅱ 类型系统，R_{min}=500m；对于 ACC Ⅲ 类型系统，R_{min}=250m；对于 ACC Ⅳ 类型系统，R_{min}=125m。

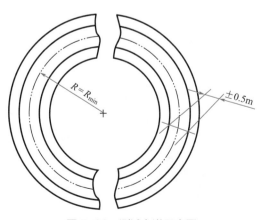

图 7-23　测试车道示意图

2. 用于弯道适应能力测试的目标车辆

在目标车辆尾部安装截面积为 $10m^2$ 的测试目标 A，其余未被遮盖的表面按如下原则进行隐藏处理：使车辆尾部的雷达截面积不大于 $2m^2$（移去测试目标 A 以后）或使其反射率不大于测试目标的 20%。

3. 驾驶场景

本车以车间时距控制模式跟随同一车道上的目标车辆（两者纵向中心线间的侧向偏差为 $\pm0.5m$）。测试之前，本车和目标车辆应满足给定的初始条件，测试过程的具体细节见表 7-4、表 7-5 和图 7-24。图 7-24 中，1 表示测试开始时，本车位于具有恒定半径的测试车道上，且满足其他初始条件；2 表示本车开始减速（正确反应）或车头时距降至 $\frac{2}{3}\tau_{\max}$ 时，测试结束；R 约为一常量。

表 7-4 弯道适应能力测试条件（目标车辆）

项目	测试前准备	初始条件	第一测试环节	第二测试环节
速度	$u_{\text{vehicle\_start}}=$ 常量		使车速降低 $3.5\pm0.5m/s$	$u_{\text{circle}}=$ 常量 $= u_{\text{vehicle\_start}}-(3.5\pm1)\,m/s$
时间	至少 10s	时间触发 0s	2s	—
行驶轨迹的半径	不小于测试场地规定的半径 R；可能改变		$R=$ 常量	

表 7-5 弯道适应能力测试条件（本车）

项目	测试前准备	初始条件	第一测试环节	第二测试环节
速度	由 ACC 系统控制			
加速度	$\leqslant 0.5m/s^2$		观测本车减速度	
行驶轨迹的半径	不小于测试场地规定的半径 R；可能改变		$R=$ 常量	
至目标车辆的车间时距	$\tau_{\max}(u_{\text{circle\_start}})\pm25\%$		由 ACC 控制；观测车间时距	

目标车辆的初始速度为

$$u_{\text{vehicle\_start}} = \min\left[(a_{\text{lateral\_max}}R)^{\frac{1}{2}}, u_{\text{vehicle\_max}}\right]\pm1 \tag{7-57}$$

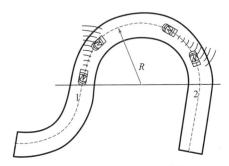

图 7-24 测试车道设置举例

选择适当时机，使目标车辆减速，观察本车的反应。正常情况下，在车间时距减小至 $\frac{2}{3}\tau_{max}$ 之前，本车就会因与目标车辆车距减小而开始减速，如图 7-25 所示。

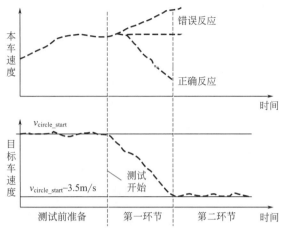

图 7-25 弯道适应能力测试的时间曲线

第六节 自适应巡航控制系统的仿真实例

【例 7-1】

利用模糊自适应 PID 控制算法和模型预测控制算法对电动汽车 ACC 系统进行仿真。

解：根据模糊自适应 PID 控制算法，在 Matlab/Simulink 中对某电动汽车建立 ACC 系统模糊自适应 PID 仿真模型，如图 7-26 所示。驾驶员设定的车速和实际车速作为整个控制系统的输入变量，设定车速和实际车速差值作为 PID 调节模块的输入变量，设定车速和实际车速差值及其变化率作为模糊控制模块输入变量，本车的加速度作为整个控制系统输出变量。合并已经建立的模糊与 PID 控制模块，PID 调节的量化因子 k_E 和 k_{E_c} 分别取 0.05 和 12，比例因子 k_P、k_I 和 k_D 分别取 0.2、0.5 和 0.03，PID 比例、积分和微分模块的初始值分别取 0、0.2 和 2.5。

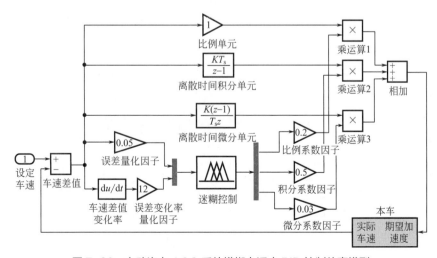

图 7-26 电动汽车 ACC 系统模糊自适应 PID 控制仿真模型

根据模型预测控制算法，在 Matlab/Simulink 中对某电动汽车建立 ACC 系统模型预测控制仿真模型，如图 7-27 所示。ref 表示参考轨迹，mo 表示预测模型，md 表示干扰因素，mv 表示控制变量。

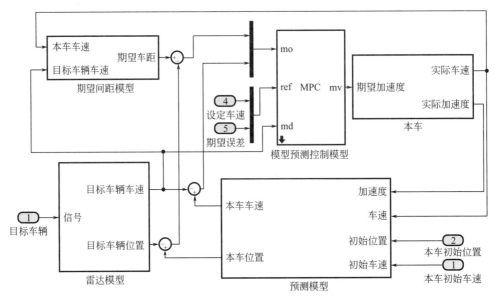

图 7-27　电动汽车 ACC 系统模型预测控制仿真模型

模型预测控制仿真模型以加速度作为输出的控制信号，反馈的测量信号为本车的车速和实际的行车车距，将实际的行车车距与期望的行车车距计算获得的行车误差作为自变量，并以前车车速作为系统的干扰，以期望车距和设定车速作为参考信号，预测时域和控制水平分别为 10 和 2，采样时间为 0.1s，约束条件、采样时间等一些具体参数根据给出的仿真工况设定。

利用图 7-26 和图 7-27 的仿真模型，可以对电动汽车自适应巡航各种工况进行仿真分析。

1. 巡航工况仿真

假设目标车辆的车速为 80km/h，本车设定车速为 80km/h，本车初始车速为 40km/h，分别利用模糊自适应 PID 控制和模型预测控制仿真巡航工况，仿真时间为 15s，仿真结果如图 7-28 所示。

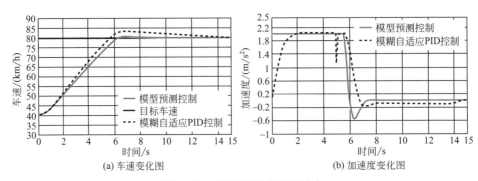

图 7-28　电动汽车巡航工况仿真

由图 7-28 可知，两种控制都能使本车达到目标车速后巡航行驶，模型预测控制相对于模糊自适应 PID 控制调节时间缩短 46.7%，车速响应曲线从开始到初次达到稳态值的上升时间较长，车速超调量降低 87.5%；加速度响应曲线始终控制在限定范围内，加速度超调量降低 100%，无极速变化现象发生，稳定性较好。

2. 跟车模式仿真

跟车模式可分为目标车辆减速、目标车辆加速、目标车辆驶离、目标车辆插入和目标车辆频繁变速 5 种工况，其中最复杂的是目标车辆频繁变速工况。

选取两车初始车速均为 60km/h，初始车距为 60m，目标车辆加速度的幅值和周期分别为 0.2 和 10π 的正弦函数，仿真时间为 80s，仿真结果如图 7-29 所示。

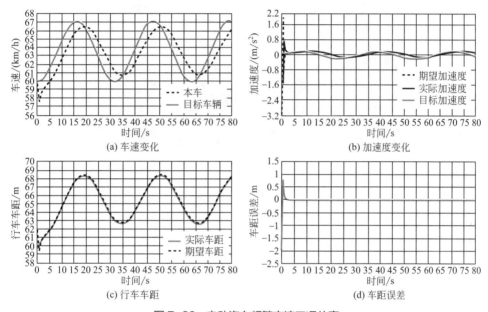

图 7-29　电动汽车频繁变速工况仿真

仿真结果表明在大约 2s 后进入稳定状态。初始时两车车速相同，车距误差为负时，本车开始减速，实际加速度逐渐减小；大约 1s 时，行车车距第一次达到期望车距，实际加速度达到最小值 -1.55m/s²，此时本车车速小于目标车速，本车期望加速度为 2m/s²，实际加速开始增大，车距误差为正，车速继续增加；大约 2s 时，再次达到期望车距，本车完成车距调节，期望与实际加速度曲线重合，本车车速和加速度随目标车辆车速和加速度滞后跟随，滞后的时间约为 2s。模型预测控制对于目标车速变化能够快速地进行车距调节，稳定时控制车距保持在期望值，并持续对变化的车速做出相应的响应，跟随目标车辆行驶。

【例 7-2】

利用 Carsim 与 Simulink 对电动汽车 ACC 系统进行联合仿真。

解： CarSim 软件运行速度快，能够为 ACC 系统联合仿真提供车辆模型，同时可以设置车辆的行驶环境，模拟车辆的行驶状况，展示 ACC 系统的控制效果。

根据分级标准，轴距大于 2800mm 为豪华 D 级车，在 CarSim Vehicle Configuration

模块下选取 D-Class 车型，将车辆参数依次输入设置界面。在 Miscellaneous Data 选择 3D Road，设置道路为平坦、附着系数为 0.8 的四条直道。设置本车道前方有两辆车，本车为蓝色车辆，设置旁边两侧车道车辆循环来往，同向车道车辆车速为本车车速的 0.9 倍，异向车道车辆车速与本车车速相同。前方和两侧都安有毫米波雷达，分别用于探测前方和两侧车辆的距离，设置前毫米波雷达探测的有效范围为 0 ~ 100m，本车的行驶环境如图 7-30 所示。

图 7-30　本车的行驶环境

将车辆模型发送到 Simulink 中，搭建联合仿真模型，如图 7-31 所示。由于 CarSim 没有电动汽车模型，需要切断发动机对车辆的动力输出，直接从外部输入转矩信号控制车轮转速。目标车辆的信号由毫米波雷达获取，毫米波雷达将信号传递给 ACC 系统，模型预测控制器输出的期望加速度，再由期望转矩模型计算出的期望输出转矩作为 CarSim 整车模型的输入信号，车辆模型再根据输入的转矩信号输出对应的车速、加速踏板开度与驱动轮转矩信号。

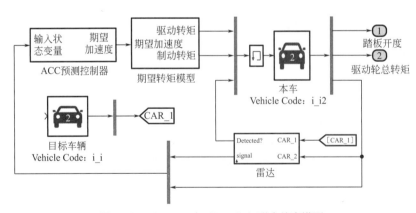

图 7-31　Carsim 与 Simulink 联合仿真模型

为了观察车速变化时加速踏板开度与驱动轮转矩的变化趋势，利用图 7-31 所示的联合仿真模型进行仿真分析。假设驾驶员设定初始车速后不进行干预，目标车辆初始车速为 80km/h，5s 时以 2.2m/s^2 加速度加速到 120km/h，再缓慢减速到 60km/h，35s 时车速突然变为 80km/h，持续 2s 后，再加速到 110km/h 后进入匀速行驶阶段，设置仿真时间为 70s，仿真结果如图 7-32 所示。

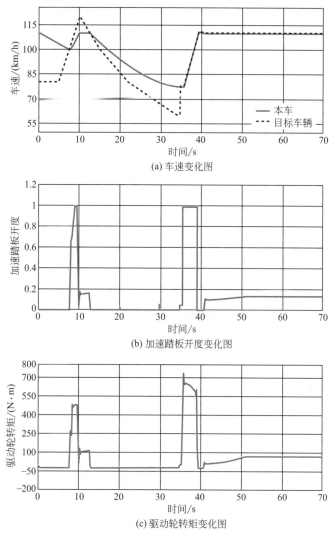

(a) 车速变化图

(b) 加速踏板开度变化图

(c) 驱动轮转矩变化图

图 7-32 电动汽车变速工况联合仿真

初始时，本车探测到目标车辆进行减速，加速踏板开度由正瞬间变为零，驱动轮转矩由正瞬间变为负。由于目标车辆在加速，7.5s 时本车达到目标车速，本车随目标车速增大，踏板开度瞬间增大到 0.6 后逐渐增大到 1，驱动轮转矩增大到 430N·m，加速度为 1.4m/s²；约 9.5s 时达到设定车速后不再增加，以 100km/h 的车速匀速行驶，加速踏板开度和驱动轮转矩分别减小到 0.85 和 100N·m；约 12.5s 时两车车速第二次相同，本车随着目标车辆减速，加速踏板开度为零，驱动轮转矩为负；35s 时目标车辆车速突然变为 80km/h，本车完成车速调节，加速踏板开度和驱动轮转矩恒定在一个较小值；匀速行驶 1s 后，本车随目标车辆进行加速，加速踏板开度为 1，驱动轮转矩保持在 600N·m 左右；38s 时车速减小，40s 达到 110km/h 后进入匀速行驶阶段，加速踏板开度为 0.15，驱动轮转矩为 90N·m。加速踏板开度与驱动轮转矩的变化趋势是相同的，加速阶段加速踏板开度和驱动轮转矩为正，减速阶段加速踏板开度为零，驱动轮转矩为负。

【例 7-3】

基于传感器融合的自适应巡航控制系统仿真。

解： 利用视觉传感器和毫米波雷达融合的自适应巡航控制系统具有以下优点。

① 它将视觉传感器获得的位置和速度的横向测量与毫米波雷达测量的距离和速度测量结合起来。

② 视觉传感器可以检测车道线，提供车道相对于本车的横向位置估计，以及场景中其他车辆相对于本车车道的位置。

本实例介绍如何使用传感器融合和基于模型预测控制（MPC）来实现汽车自适应巡航控制系统仿真。

1. 自适应巡航控制系统测试平台模型

自适应巡航控制系统测试平台模型如图 7-33 所示。

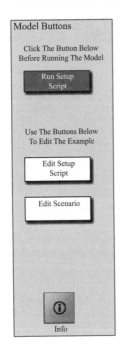
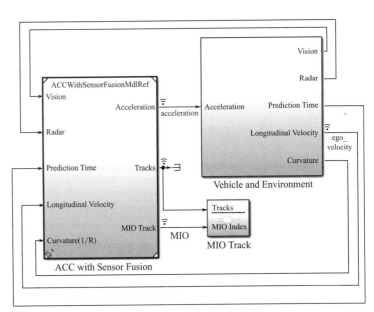

图 7-33　自适应巡航控制系统测试平台模型

自适应巡航控制系统测试平台由基于传感器融合的 ACC（ACC with Sensor Fusion）模块、车辆与环境（Vehicle and Environment）模块和模型按钮（Model Buttons）组成。基于传感器融合的 ACC 模块模拟传感器融合并控制车辆的纵向加速度；车辆与环境模块对本车辆的运动和环境进行建模，毫米波雷达和视觉传感器为控制系统提供综合数据；模型按钮打开后，会显示初始化模型使用的数据脚本，该脚本加载 Simulink 模型所需的某些常量，例如车辆模型参数、跟踪与传感器融合参数、ACC 控制器参数、驾驶员转向控制参数、道路场景等。

（1）基于传感器融合的 ACC 模块　基于传感器融合的 ACC 模块如图 7-34 所示。

基于传感器融合的 ACC 模块又由跟踪与传感器融合（Tracking and Sensor Fusion）

和自适应巡航控制器（Adaptive Cruise Controller）模块组成。

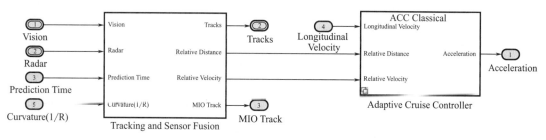

图 7-34　基于传感器融合的 ACC 模块

① 跟踪与传感器融合模块如图 7-35 所示，它处理来自车辆与环境模块的视觉传感器和毫米波雷达的检测，生成本车周围环境的综合态势图。此外，它还向 ACC 提供本车前方车道上最近的车辆的估计值。

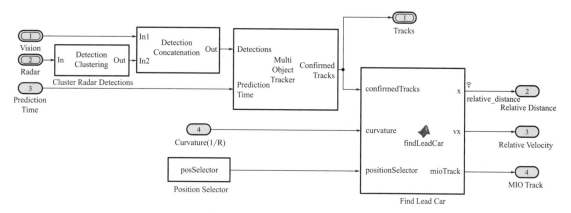

图 7-35　跟踪与传感器融合模块

跟踪与传感器融合模块主要由多目标跟踪模块、检测连接模块、检测聚类模块、寻找引导车辆模块组成。多目标跟踪模块的输入是所有传感器检测的组合列表和预测时间，输出是已确认轨迹的列表；检测连接模块将视觉传感器和雷达检测连接起来，预测时间由车辆和环境子系统中的时钟驱动；检测聚类模块将多个雷达检测进行聚类，因为跟踪器要求每个传感器对每个目标至多进行一次检测；寻找引导车辆模块使用已确认的轨道列表和道路曲率来查找哪个车辆最接近本车，并在同一车道上位于本车前面，这辆车被称为引导车。当车辆驶入和驶出本车前方的车道时，引导车可能会发生变化。该模块提供了引导车相对于本车的位置和速度，以及最重要物体的轨迹。

② 自适应巡航控制模块如图 7-36 所示。自适应巡航控制器有两种：经典设计（默认）和基于 MPC 的设计。两种设计均采用以下设计原则。装备 ACC 系统的车辆（本车）使用传感器融合来估计与引导车的相对距离和相对速度。ACC 系统使本车以驾驶员设定的速度行驶，同时保持与引导车的安全距离。

ACC 系统基于以下输入为本车生成纵向加速度：汽车纵向速度；来自跟踪与传感器融合系统的引导车与本车的相对距离；来自跟踪与传感器融合系统的引导车与本车的相对速度。

在经典的 ACC 系统设计中，如果相对距离小于安全距离，则首要目标是减速并保持安全距离；如果相对距离大于安全距离，则主要目标是在保持安全距离的同时达到驾驶员设定的速度。这些设计原则是通过最小和开关模块实现。

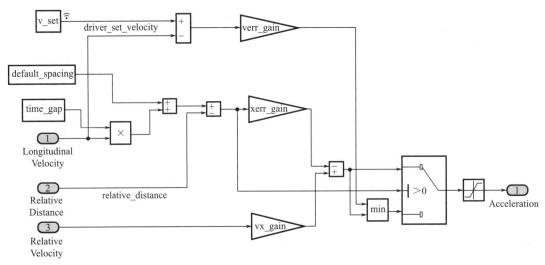

图 7-36　自适应巡航控制模块

（2）车辆与环境模块　车辆与环境模块如图 7-37 所示。

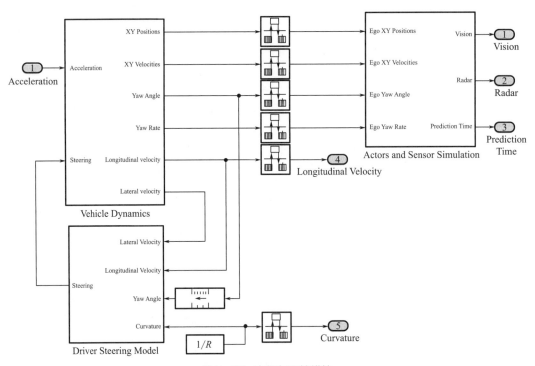

图 7-37　车辆与环境模块

车辆与环境模块又由车辆动力学（Vehicle Dynamics）、对象和传感器模拟（Actors and Sensor Simulation）和驾驶员转向（Driver Steering Model）模块组成。

① 车辆动力学模块如图 7-38 所示，它利用自动驾驶工具箱中的单轨汽车模型力输入模块对车辆动力学进行建模。

② 对象和传感器模块如图 7-39 所示，用于生成跟踪和传感器融合所需的数据。在运行本实例之前，驱动场景设计器应用程序用于创建一个场景，其中有一条弯曲的道路，多个对象在道路上移动。

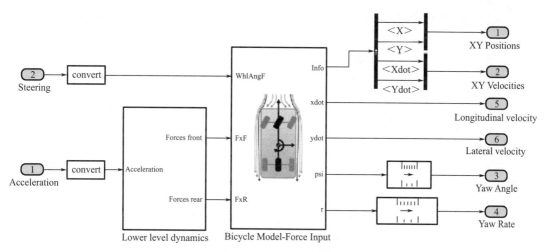

图 7-38　车辆动力学模块

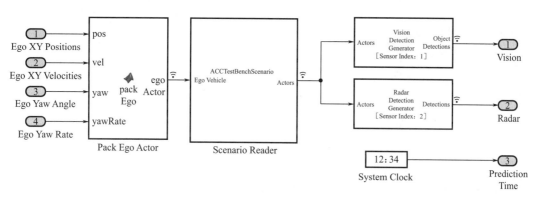

图 7-39　对象和传感器模块

③ 驾驶员转向模块如图 7-40 所示。

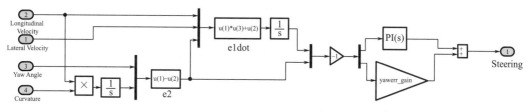

图 7-40　驾驶员转向模块

2. 自适应巡航控制系统仿真

本实例驾驶场景是两条具有恒定曲率的平行道路。车道上有四辆车：一辆在左边车道上的快车；一辆在右边车道上的慢车；一辆在道路对面驶来的车；一辆在右边车道上起步，然后向左边车道行驶的车。

通过鸟瞰图可以观察基于传感器融合的自适应巡航控制系统仿真过程，输出结果如图 7-41 所示。

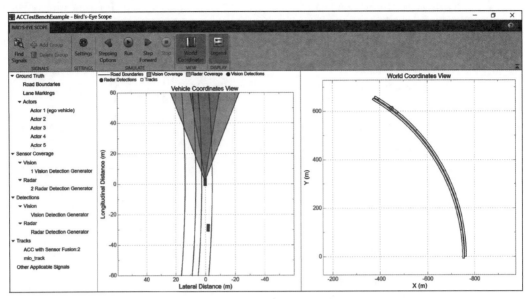

图 7-41 基于传感器融合的自适应巡航控制系统仿真

智能网联汽车先进驾驶辅助系统（ADAS）

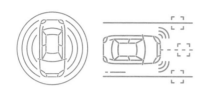

第八章
智能泊车辅助系统

第一节 智能泊车辅助系统的定义与组成

一、智能泊车辅助系统的定义

智能泊车辅助系统在泊车过程中，能够利用车载传感器自动检测附近可用的泊车位，计算泊车轨迹，控制转向系统、制动系统、驱动系统以及变速系统完成泊车入位；能够向驾驶员发出系统故障状态、危险预警等信息，如图 8-1 所示。

图 8-1 智能泊车辅助系统

按泊车模式，智能泊车辅助系统分为平行泊车和垂直泊车。平行泊车是指系统具备平行靠左、靠右泊车（即侧方位停车）能力；垂直泊车是指系统具备垂直靠左、靠右泊车（即倒车入库）能力。

二、智能泊车辅助系统的组成

智能泊车辅助系统主要由感知单元、中央控制器、转向执行机构和人 - 机交互系统组成，如图 8-2 所示。

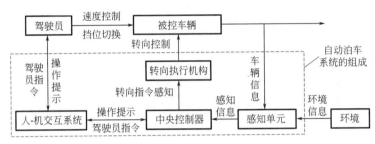

图 8-2　智能泊车辅助系统的组成

1. 感知单元

感知单元通过超声波雷达、转速传感器、陀螺仪、挡位传感器等实现对环境信息和汽车自身运动状态的感知，并把感知信息输送给泊车系统的中央控制器。

2. 中央控制器

中央控制器主要用于分析处理感知单元获取的环境信息以及对汽车泊车运动的控制。在泊车过程中，泊车系统控制器实时接收并处理汽车超声波雷达输出的信息，当汽车与周围物体相对距离小于设定的安全值时，泊车系统控制器将采取合理的汽车运动控制。

3. 转向执行机构

转向执行机构由转向系统、转向驱动电机、转向电机控制器以及转向柱转角传感器等组成，转向执行机构接收中央控制器发出的转向指令后执行转向操作。

4. 人 – 机交互系统

在泊车过程中，人 - 机交互系统用来显示一些重要信息给驾驶员。

三、智能泊车辅助系统的类型

智能泊车辅助系统可以分为自动泊车辅助系统、远程遥控泊车辅助系统、自学习泊车辅助系统以及自动代客泊车。

1. 自动泊车辅助系统

自动泊车辅助系统主要利用遍布车辆自身和周边环境里的传感器，测量车辆自身与周边物体之间的相对距离、速度和角度，然后通过车载计算平台或云计算平台计算出操作流程，并控制车辆的转向和加减速，以实现自动泊入、泊出及部分行驶功能。

使用泊车辅助传感器（APA）超声波雷达检测到空库位后，汽车控制器会根据本车的尺寸和库位的大小，规划出一条合理的泊车轨迹，控制转向盘、变速器和加速踏板进行自动泊车。在泊车过程中，安装在汽车前后的 8 个 UPA（测量汽车前后障碍物的超声波雷达）会实时感知环境信息，实时修正泊车轨迹，避免碰撞。

自动泊车可以分为半自动泊车和全自动泊车。半自动泊车为驾驶员操控车速，计算平台根据车速及周边环境来确定并执行转向，对应于 1 级驾驶自动化；全自动泊车为计算平台根据周边环境来确定并执行转向和加减速等全部操作，驾驶员可在车内或车外监控，对应于 2 级驾驶自动化。

2. 远程遥控泊车辅助系统

远程遥控泊车辅助系统是在 APA 自动泊车技术的基础之上发展而来的，车载传感器的配置方案与 APA 类似。它解决了停车后难以打开本车车门的尴尬场景，如在两边都停了车的车位，或在比较狭窄的停车房。远程遥控泊车辅助系统常见于特斯拉、宝马 7 系和奥迪 A8 等高端车型中。

在汽车低速巡航并找到空车位后，驾驶员将汽车挂入停车挡，就可以离开汽车了。在车外，使用手机发送泊车指令控制汽车完成泊车操作。遥控泊车涉及汽车与手机的通信，目前汽车与手机最广泛且稳定的通信方式是蓝牙，虽然没有 4G/5G 传输的距离远，但是解决了 4G/5G 信号并不能保证所有地方都能做到稳定通信的问题。

远程遥控泊车辅助系统相比于 APA 加入了与驾驶员通信的车载蓝牙模块，因此不再需要驾驶员坐在车内监控汽车的泊车过程，而仅需要在车外观察即可。

远程遥控泊车辅助系统属于 2+ 级驾驶自动化。

3. 自学习泊车辅助系统

自学习泊车辅助系统能够学习驾驶员的泊入和泊出操作，并在以后自主完成这个过程。自学习泊车辅助系统的核心技术是即时定位与地图构建（SLAM）。

驾驶员在准备停车前，可以在库位不远处开启"路线学习"功能，随后慢慢将汽车泊入固定车位，系统就会自学习该段行驶和泊车路线。泊车路线一旦学习成功，汽车便可达到"过目不忘"。完成路线的学习后，在记录时的相同起点下车，用手机蓝牙连接汽车，启动自学习泊车辅助系统，汽车就能够模仿先前记录的泊车路线完成自动泊车。

驾驶员除了让汽车学习泊入车库的过程外，还能够学习汽车泊出并行驶到固定位置的过程。"聪明"的汽车能够自动驾驶到指定地点，即使在大雨天也不用担心冒雨取车。

自学习泊车辅助系统相比于自动泊车和远程遥控泊车辅助系统加入了 360° 环视相机，而且泊车的控制距离从 5m 内扩大到了 50m 内，有了明显提升。

自学习泊车辅助系统属于 3 级驾驶自动化。

4. 自动代客泊车

最理想的泊车辅助场景应该是，驾驶员把车开到办公楼下后直接去办事，而把找泊车位和停车的工作交给汽车，汽车停好后发条信息给驾驶员，告知自己停在哪。驾驶员在下班时给汽车发条信息，汽车即可远程启动、泊出库位，并行驶到驾驶员设定的接驳点。

自动代客泊车是为了解决日常工作、生活中停车难的问题，其主要的应用地点通常是办公楼或者大型商场的地上或地下停车场。

相比于前面三种泊车辅助产品，自动代客泊车除了要实现泊入车库的功能外，还需要解决从驾驶员下车点低速（小于 20km/h）行驶至库位旁的问题。为了能尽可能地安全行驶到库位旁，必须提升汽车远距离感知的能力，因此前视摄像头成为最优的传感器方案。地上／地下停车场不像开放道路，场景相对单一，高速运动的汽车较少，对于保持低速运动的本车来说，更容易避免突发状况的发生。

除了毫米波雷达和视觉传感器外，实现自动代客泊车还需要引入停车场的高精度地图，再配合 SLAM 或视觉匹配定位的方法，才能够让汽车知道它现在在哪，应该去哪里寻找泊车位。除了自行寻找泊车位外，具备自动代客泊车功能的汽车还可以配合智能停车场更好地完成自动代客泊车的功能。智能停车场需要在停车场内安装一些必要的基础设施，比如摄像头、地锁等。这些传感器不仅能够获取泊车位是否被占用，还能够知道停车场的道路上是否有车等信息。将这些信息建模后发送给汽车，汽车就能够规划出一条更为合理的路径，行驶到空车位处。

自动代客泊车属于 4 级驾驶自动化。

第二节　智能泊车辅助系统的工作原理与要求

一、智能泊车辅助系统的工作原理

智能泊车辅助系统的工作原理是通过车载传感器扫描汽车周围环境，通过对环境区域的分析和建模，搜索有效泊车位，当确定目标车位后，系统提示驾驶员停车并自动启动智能泊车程序，根据所获取的车位大小和位置信息，由程序计算泊车路径，然后自动操纵汽车泊车入位。

智能泊车辅助系统的工作过程如图 8-3 所示。

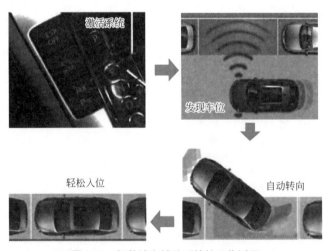

图 8-3　智能泊车辅助系统的工作过程

1. 激活系统

汽车进入停车区域后缓慢行驶，人工开启智能泊车辅助系统，或根据车速自动启动智能泊车辅助系统。

2. 车位检测

通过车载传感器获取环境信息，传感器主要采用测距传感器（如超声波雷达）和／或视觉传感器，然后识别出目标车位。

3. 路径规划

根据感知单元所获取的环境信息，中央控制器对汽车和环境建模，计算出一条能使汽车安全泊入车位的路径。

4. 路径跟踪

通过转角、油门和制动的协调控制，使汽车跟踪预先规划的泊车路径，实现轻松泊车入位。

智能泊车辅助系统在泊车过程中，不需要驾驶员做任何操作，所有泊车过程全部由电脑控制。

二、智能泊车辅助系统的要求

1. 系统功能要求总则

驾驶员启动泊车任务后，手动驾驶车辆进入车位搜索模式，智能泊车辅助系统采用传感器感知车辆周围环境，实现泊车位的搜索和监测，实时地将已监测出的车位通过人机交互系统显示给驾驶员，驾驶员停车选择待泊入的车位并确认进入泊车操作后，无须操纵转向、制动、油门以及挡位，智能泊车辅助系统自动控制车辆实现泊车入位。

智能泊车辅助系统在工作过程中，传感器会检测车前及车尾规定范围内的障碍物情况，当传感器检测到障碍物，会主动进行预警提示，并控制车辆停止，避免碰撞。

2. 基本功能要求

智能泊车辅助系统应具备以下基本功能要求。

① 检测泊车位的存在。

② 确定本车与泊车位、本车周围障碍物以及泊车位周围障碍物的相对位置。

③ 计算泊车轨迹。

④ 控制车辆完成泊车入位。

⑤ 根据车辆与前、后方障碍物之间的距离控制车辆以不同的速度行驶及紧急制动。

⑥ 在系统控制操纵期间，驾驶员能够随时接管控制车辆运动。

⑦ 驾驶员无须操纵转向、制动、油门以及挡位，智能泊车辅助系统自动控制车辆实现泊车入位。

3. 基本工作状态

智能泊车辅助系统状态及切换条件如图8-4所示，整个系统由6个状态组成，即上电初始化、待机、车位搜索、泊车介入、系统故障以及异常中断。

[1,2]表示发动机启动，系统上电，系统功能初始化完成后，启动系统自检，如无故障，智能泊车辅助系统进入待机状态。

[1,5]表示系统自检有故障，进入系统故障状态。

[2,3]表示驾驶员启动智能泊车辅助系统，进入车位搜索状态。

[2,5]表示系统自检有故障，进入系统故障状态。

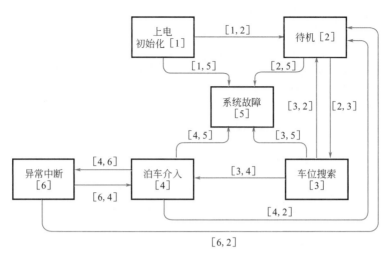

图 8-4　智能泊车辅助系统状态及切换条件

[3,2] 表示驾驶员取消智能泊车辅助任务，系统进入待机状态。

[3,4] 表示驾驶员选中泊车车位，进入泊车介入状态，控制车辆完成泊车。

[3,5] 表示系统自检有故障，进入系统故障状态。

[4,2] 表示智能泊车辅助系统任务完成、任务取消或任务超时时退出，车辆进入待机状态。

[4,5] 表示系统自检有故障，控制车辆停车，进入系统故障状态。

[4,6] 表示系统因某些条件不满足，控制车辆停止，进入异常中断状态。

[6,4] 表示不满足泊车条件消除，系统进入泊车介入状态。

4. 工作限制条件

系统工作时，平行车位搜索的最高速度应不高于 30km/h；垂直车位搜索的最高速度应不高于 20km/h。系统工作时泊车过程的最高车速应不高于 10km/h。

第三节　智能泊车辅助系统的测试

一、测试环境条件

智能泊车辅助系统的测试环境要满足以下条件。

① 测试在平整、干燥路面上进行。

② 风速小于 5.4m/s。

③ 温度为 -25 ～ 30℃。

④ 天气为非降水条件。

⑤ 测试区域没有墙壁、辅助测试设备及其他非测试物体。

⑥ 避免在过强阳光条件下进行测试。

⑦ 测试区内没有强反射表面和不均匀遮挡环境。

⑧ 标记线与地面之间的亮度对比度以 5：1 或以上为宜。

二、基本性能要求

智能泊车辅助系统的基本性能要求见表8-1。

表 8-1 智能泊车辅助系统的基本性能要求

序号	描述	参数值
1	平行车位搜索泊车位允许的最大车速	30km/h
2	垂直车位搜索泊车位允许的最大车速	20km/h
3	在泊车介入模式下系统允许的最大车速	10km/h
4	2m 范围内检测到障碍物圆形物体的最小直径	≤ 0.5m
5	2m 范围内检测到障碍物圆形物体的最小高度	≤ 1m
6	检测到路沿外边缘的高度范围	≥ 0.15m 且 ≤ 0.3m
7	泊车时检测到障碍物的最小距离	≥ 0.1m
8	平行泊车过程挡位调整次数	≤ 8 次
9	垂直泊车过程挡位调整次数	≤ 6 次
10	泊车过程耗时	< 90s

在系统测试开始时，应先对系统的基本性能项进行测试，达到要求后再开始进行实际泊车场景的测试。

三、两辆汽车之间的平行泊车系统性能测试要求

1. 总体要求

两辆汽车之间的平行泊车基础场景如图8-5所示，平行靠左和平行靠右泊车性能要求相同。图8-5中，obj1 和 obj2 分别代表目标车辆1和目标车辆2；d_{obj1} 和 d_{obj2} 分别代表汽车侧面至目标车辆1和目标车辆2的距离；$S_{d_{obj1}}$ 和 $S_{d_{obj2}}$ 分别为汽车至目标车辆1和目标车辆2的距离；d_{curb} 为平行泊车完成时汽车侧面至路沿的距离。

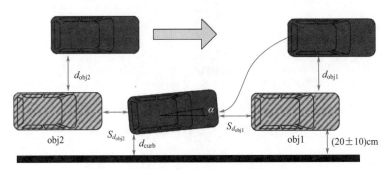

图 8-5 两辆汽车之间的平行泊车基础场景

2. 测试对象要求

两辆汽车之间的平行泊车测试对象要求见表 8-2。

表 8-2　两辆汽车之间的平行泊车测试对象要求

序号	描述	参数值
1	平行泊车经过泊车位时汽车与侧边障碍物的距离范围	0.9 ～ 1.5m
2	平行泊车模式下找到泊车位后汽车所能前行的最远距离	> 10m
3	平行泊车模式下最小泊车位长度	车长 +Δx
4	平行泊车模式下最小泊车位深度	车宽 +0.2m

注：Δx 由汽车制造商确定。

3. 最低性能要求

在满足基本性能和测试对象要求的前提下，泊车完成后，两辆汽车之间的平行泊车最低性能要求见表 8-3。

表 8-3　两辆汽车之间的平行泊车最低性能要求

序号	描述	参数值
1	平行泊车完成时汽车侧面与障碍物、路沿的距离	0.05 ～ 0.3m
2	平行泊车完成时汽车与路沿或前后车轮边角连线的夹角	–3°～ 3°

四、两辆汽车之间的垂直泊车系统性能测试要求

1. 垂直泊车场景要求

两辆汽车之间的垂直泊车基础场景如图 8-6 所示，垂直靠左和垂直靠右泊车性能要求相同。

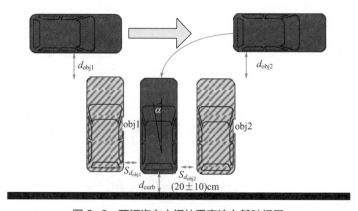

图 8-6　两辆汽车之间的垂直泊车基础场景

2. 测试对象要求

两辆汽车之间的垂直泊车测试对象要求见表 8-4。

表 8-4　两辆汽车之间的垂直泊车测试对象要求

序号	描述	值
1	垂直泊车经过泊车位时汽车与侧边障碍物的距离范围	0.9 ～ 1.5m
2	垂直泊车模式下找到泊车位后汽车所能前行的最远距离	>10m
3	垂直泊车模式下最小泊车位宽度	车宽 +1m

3. 最低性能要求

在满足基本性能和测试对象要求的前提下，泊车完成后，两辆汽车之间的垂直泊车最低性能要求见表 8-5。

表 8-5　两辆汽车之间的垂直泊车最低性能要求

序号	描述	参数值
1	垂直泊车完成时汽车与左、右障碍物的安全距离	0.05 ～ 0.3m
2	垂直泊车完成时汽车与左或右平行停放汽车或障碍物侧面的夹角	-3° ～ 3°

五、有标记泊车位的平行泊车系统性能要求

1. 总体要求

平行靠左和平行靠右泊车性能要求相同。

2. 测试对象要求

平行泊车的泊车位标线如图 8-7 所示，有标记的泊车位的平行泊车测试区域如图 8-8 所示。图 8-7 中，A_1 为划线平行泊车位标线宽度；L_1 为划线平行泊车位长度；D_1 为划线平行泊车位深度；图 8-8 中，L_d 为车头与泊车位前横向标线的距离；W_d 为汽车中心线与泊车位内侧标线的距离。

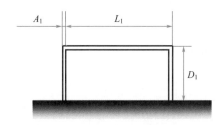

图 8-7　平行泊车的泊车位标线

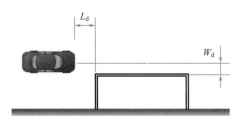

图 8-8　有标记的泊车位的平行泊车测试区域

有标记的泊车位的平行泊车测试对象要求见表8-6。

表8-6　有标记的泊车位的平行泊车测试对象要求

序号	描述	值
1	平行泊车经过泊车位时汽车与泊车位内侧标线的距离	车宽 × (0.5±1.5) m
2	开始搜索车位时，车头与泊车位前横向标线的距离	车长 × (0.5±1.0) m
3	划线平行泊车位长度	>车长 +1.3m
4	划线平行泊车位深度	>车宽 +0.4m
5	划线平行泊车位标线宽度	0.15 ~ 0.30m

3. 最低性能要求

在满足基本性能和测试对象要求的前提下，泊车完成后，有标记泊车位的平行泊车最低性能要求见表8-7。

表8-7　有标记泊车位的平行泊车最低性能要求

序号	描述	值
1	泊车完成时汽车侧面前后轮与泊车位内侧边线的距离	> 0.15m
2	平行泊车完成时汽车侧面与障碍物、路沿的距离	0.05 ~ 0.25m
3	泊车完成时汽车航向角与泊车位内侧边线的夹角	−3°~ 3°
4	泊车完成时车尾与车后标线的距离	0.35 ~ 0.95m

六、有标记泊车位的垂直泊车系统性能要求

1. 要求总则

垂直靠左和垂直靠右泊车性能要求相同。

2. 测试对象要求

垂直泊车的泊车位标线如图8-9所示，有标记的泊车位的垂直泊车测试区域如图8-10所示。图8-9中，A_0 为划线垂直泊车位标线宽度；W_0 为划线垂直泊车位宽度；D_0 为划线垂直泊车位深度；图8-10中，D 为开始搜索车位时，车尾与车位线的横向距离；L 为开始搜索车位时，汽车中心线与车位线端部的纵向距离；β 为开始搜索车位时，汽车航向角与车位线的夹角。

有标记泊车位的垂直泊车测试对象要求见表8-8。

3. 最低性能要求

在满足基本性能和测试对象要求的前提下，泊车完成后，有标记泊车位的垂直泊车最低性能要求见表8-9。

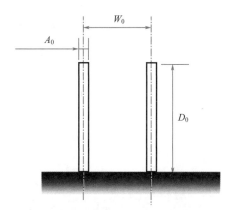

图 8-9　垂直泊车的泊车位标线

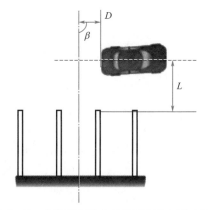

图 8-10　有标记的泊车位的垂直泊车测试区域

表 8-8　有标记泊车位的垂直泊车测试对象要求

序号	描述	值
1	开始搜索车位时，车尾与车位线的横向距离	1.0 ± 0.5m
2	开始搜索车位时，车尾与车位线端部的纵向距离	1.0 ± 1.5m
3	开始搜索车位时，汽车航向角与车位线的夹角	$90° \pm 5°$
4	划线垂直泊车位宽度	>车宽 +0.4m
5	划线垂直泊车位深度	>车长 +0.4m
6	划线垂直泊车位标线宽度	$0.15 \sim 0.3$m

表 8-9　有标记泊车位的垂直泊车最低性能要求

序号	描述	值
1	泊车完成时汽车侧面与泊车位内侧边线的距离	> 0.1m
2	泊车完成时汽车航向角与泊车位内侧边线的夹角	$-3° \sim 3°$
3	泊车完成时车尾与车后标线的距离	> 0.1m

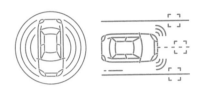
第九章
其他先进驾驶辅助系统

第一节　自适应前照明系统

一、自适应前照明系统的定义

自适应前照明系统（Adaptive Frontlighting System，AFS）是一种照明装置，它能够根据天气情况、外部光线、道路状况以及行驶信息，来自动改变前照明系统的工作模式，调整照射光线的光形，消除夜间或能见度低时转弯或其他特殊行驶条件下的视野暗区，能够为驾驶员提供范围更宽、更为可靠的照明视野，保证驾驶员和道路行人的安全。AFS 是未来汽车前照明系统的主要发展方向。

图 9-1 所示为汽车有无 AFS 照明效果比较。可以看出，装有 AFS 的汽车转向灯能够根据转向盘的角度转动，把有效的光束投射到驾驶员需要看清的前方路面上。

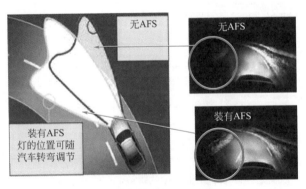

图 9-1　汽车有无 AFS 照明效果比较

二、自适应前照明系统的组成

自适应前照明系统主要由传感器单元、CAN 总线传输单元、控制单元和执行单元等组成，如图 9-2 所示。

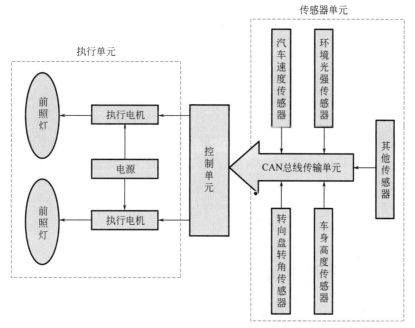

图 9-2　自适应前照明系统的组成

1. 传感器单元

传感器单元采集车辆当前信息（如车速、车辆姿态以及转向角度等）和外部环境（如弯道、坡度以及天气等）的变化信息，包括汽车速度传感器、转向盘转角传感器、环境光强传感器、车身高度传感器以及其他传感器等。

2. CAN 总线传输单元

CAN 总线传输单元负责把各种传感器采集的信息传输给控制单元，实现内部控制与各种传感器检测以及执行机构之间的数据通信。

3. 控制单元

控制单元需要对车辆行驶状态做出综合判断，输出脉冲变量给执行单元。

4. 执行单元

控制单元输出的信号给执行单元的执行电机，调节前照灯的照射距离和角度，为驾驶员提供更广阔的视野，保障行车安全。

三、自适应前照明系统的工作原理

自适应前照明系统的工作原理是通过安装在车辆上的车速、姿态、转角以及位置等传感器采集汽车动态信号参数，控制单元对其进行分析判断和算法运算并产生控制信号，执行单元控制前照明系统运转。

自适应前照明系统主要功能按以下方法实现。

① 系统通过开关器件获取功能开关信号，通过轮速传感器获取车速信号，通过转向盘转角传感器获取转角信号，通过车身高度传感器获取姿态信号等。经过巡检算法判断，如果前照灯需要进行转动，系统会根据角度算法计算出需要转动的角度，通过控制单元输出控制信号，控制水平和垂直安装的步进电机转动，最后再通过机械传动

机构实现前照灯转动，让照明光束始终与道路保持一致，这样驾驶员就能够清楚地看到即将出现的弯道上的路况，以便及时采取预防或紧急避险措施。

② 系统通过获取大灯开关器件信号和环境光强传感器的光照强度信号，对前照灯开关进行控制，系统会设置一个光照阈值，当光照强度小于阈值时，系统自动延时打开前照灯；当光照强度大于阈值时，系统自动延时关闭前照灯。

③ 系统在前照灯初始化置位时，通过位置传感器获取位置信号，判断前照灯实际运行的角度与控制单元输出角度之间的误差，如果误差不大，通过角度调节算法对误差进行调节；如果误差过大，说明前照灯出现了故障，系统会产生故障预警信号提醒驾驶员前照灯出现故障。

④ 系统通过液晶显示装置实时显示系统的工作状态，包括车速状态、转向盘转角状态以及车灯转角状态等。

四、自适应前照明系统的照明模式

为了使汽车在不同的光线和路况下安全行驶，AFS 能够改变前照灯照射方向，使光线随着汽车前进方向和车身姿态的变化而转动，消除驾驶员在夜间或恶劣天气下行车的视野盲区。与传统的汽车照明模式相比，AFS 能够根据道路和天气环境的变化适时地开启相应的照明模式。

AFS 的照明模式主要有基础照明模式、弯道照明模式、城市道路照明模式、高速公路照明模式、乡村道路照明模式以及恶劣天气照明模式等。

1. 基础照明模式

在车辆行驶过程中，当道路状况及环境气候均处于正常状况时，AFS 的工作模式为基础照明模式，相当于传统的汽车照明系统。在基础照明模式下，AFS 不作任何调整。

当环境光强传感器检测到外界光照强度变化时，系统就会执行相应的动作。例如，天黑或汽车进入隧道后，环境光强传感器检测到外界光照强度变弱，系统自动开启前照灯，并且根据感知的光照强度来补充光照强度以满足驾驶要求；当传感器检测到外界光照强度能够达到照明要求时，例如，白天或汽车出隧道后，系统就自动关闭汽车前照灯。有时候，车辆停止后，驾驶员下车后仍然需要灯光照明来观察停车情况，所以，系统可以设置灯光延时功能。

汽车经常会行驶在坡路上，有时即使是在平坦的道路上，由于汽车载重或突然的加速或制动，都会导致车身发生俯仰，车身的俯仰就一定会造成前照灯照射的角度发生变化。汽车俯仰灯光照射如图9-3所示。

汽车正常行驶过程中，前照灯光轴在水平位置。当车身发生后仰时，前照灯的照射光线就会抬高，光线抬高使远处的照射光线发散，造成驾驶员视野模糊，不能清晰地辨认远处的行人和物体，一旦发生紧急情况，就没有足够的时间来保证行车安全。当车身发生前仰时，前照灯的照射光线降低，导致照明范围缩小，驾驶员不能及时地发现前方路况，严重影响了行车安全。在这种行车条件下，车身高度传感器能够检测到汽车前后高度的变化，结合车速传感器采集到的车速信息，系统根据汽车前后高度的变化量以及轴距计算出车身俯仰角的差值，从而调整汽车前照灯纵向角度，使前照灯光轴恢复到水平位置以提供最佳的照明条件，确保驾驶员在该情况下有足够视野来判断前方的路况，保证行车安全。

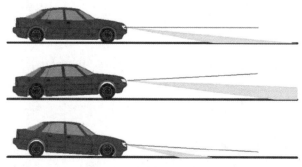

图9-3　汽车俯仰灯光照射

2. 弯道照明模式

汽车在夜间转弯行驶时，传统汽车前照灯的照射光线与车身前进方向平行，所以在车身的两侧就会出现暗区，驾驶员无法及时地发现弯道上的情况，容易导致交通事故的发生。在这种情况下，AFS可以开启弯道照明模式。当汽车进入弯道时，转向盘转角传感器和车速传感器共同采集数据。例如，当转向角大于12°并且车速大于30km/h时，系统开始工作；当转向角小于9°或车速小于5km/h时，系统不工作或停止工作。在弯道照明模式下，控制单元根据传感器采集的数据计算出车灯需要偏转的角度，驱动步进电机转动以使大灯转动。

AFS能够使车辆在进入弯道时产生旋转的光型，给弯道以足够的照明。汽车有无AFS弯道照明如图9-4所示。

(a) 无AFS　　　　　　　　(b) 有AFS

图9-4　汽车有无AFS弯道照明

汽车向左转弯时，左侧前照灯向左偏转一定角度，右侧车灯不动；汽车向右转弯时，右侧前照灯向右偏转，左侧前照灯不动。这种照明模式既为汽车在弯道上行驶时的侧面道路提供了足够的照明强度，又保证了前进方向的照明。在弯道照明模式下，左右前照灯最大偏转角度也是不一样的，右侧道路行驶国家的交通法规规定：右侧近光灯变化角度最大为5°，左侧近光灯变化角度最大为15°。为保证弯道照明模式下的行车安全，车灯偏转角度依据的原则是尽可能地保证照明距离大于安全制动距离。

3. 城市道路照明模式

城市道路行车的特点是车速较低，车流量和人流量都很大，外界照明条件好，十字路口多，发生随机性事故的可能性较大。在这样的道路上行车要求视野清晰，防止眩光。

资料表明，对向行车时，驾驶员接收到的照射光强如果达到 1000cd（cd 是发光强度的单位，坎德拉）就会产生眩晕。当环境光强传感器检测到光强达到阈值、车速小于 60km/h 时，车辆进入城市道路照明模式，系统使左右近光灯的功率减小，降低灯光亮度，同时驱动控制车灯的电机转动，进一步降低射向对车和行人的光照强度，防止眩光现象的发生。

在市区车辆行驶速度较为缓慢的前提下，AFS 使用比较宽阔的光型，以便在道路边缘和交叉路口都能获得较好的照明，有效地避免了与岔路中突然出现的行人、车辆可能发生的交通事故。汽车有无 AFS 城市道路照明如图 9-5 所示。

(a) 无AFS　　　　　　(b) 有AFS

图 9-5　汽车有无 AFS 城市道路照明

4. 高速公路照明模式

高速公路上行车特点是车速快，车流量相对较小，侧向干扰少。这样的行车特点要求前照灯光线照射距离足够远，以保证前方出现状况时驾驶员有足够的时间采取措施。在高速公路上行车，汽车灯光的照射距离应该与车速成正比关系，汽车灯光的照射距离要大于驾驶员的反应距离和制动距离的总和。

汽车行驶在高速公路上时，当汽车速度传感器检测到车速大于 70km/h，并根据 GPS 判断其为高速行驶模式时，系统自动开启高速公路照明模式。汽车前照灯照射光线随着车速的增加在垂直方向上抬高，以使光线能够照射得更远，保证驾驶员能够在安全距离之外发现前方的车辆。汽车有无 AFS 高速公路照明如图 9-6 所示。

(a) 无AFS　　　　　　(b) 有AFS

图 9-6　汽车有无 AFS 高速公路照明

5. 乡村道路照明模式

乡村道路外界照明条件差，岔路口多，路况复杂，路边障碍物不容易被发现；道路狭窄，起伏不平，造成行车时车身倾斜，从而导致前照灯俯仰角发生变化，容易引发交通事故。

AFS在乡村道路照明模式下工作时，通过环境光强传感器、汽车速度传感器和GPS来判断外界行驶条件，决定是否开启乡村道路照明模式。在乡村道路照明模式下，系统增大左右前照灯的输出功率，增强光照亮度来补充照明。依据右侧行车的交通法规，车辆在乡村道路行驶时，右侧的前照灯照射光线要向右偏转一些，拓宽右侧道路的照明范围以使灯光能够照射到路面边缘。汽车有无AFS乡村道路照明如图9-7所示。

(a) 无AFS　　　　　　　　　(b) 有AFS

图9-7　汽车有无AFS乡村道路照明

6. 恶劣天气照明模式

恶劣天气照明模式主要针对的是阴雨天气，此时地面的积水会将前照灯打在地面上的光线反射至对面车驾驶员的眼睛中，使其眩目，进而可能造成交通事故。在阴雨天气下行驶的车辆，AFS根据检测路面湿度、轮胎滑移以及雨量传感器收集的信息，判断是否遇到阴雨天气，如果是则驱动垂直调高电机，降低前照灯垂直输出角，并调节其发光强度，避免反射光在60m范围内对迎面行车驾驶员造成眩目。汽车有无AFS恶劣天气照明如图9-8所示。

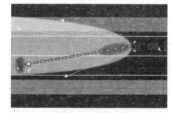

(a) 无AFS　　　　　　　　　(b) 有AFS

图9-8　汽车有无AFS恶劣天气照明

当车辆在雾天或是沙尘暴天气行驶时，AFS根据感知雾、风速、颗粒物的传感器，以及环境光强传感器收集的信息，判断是否遇到雾天或是沙尘暴天气，从而驱动垂直调高电机，增大前照灯垂直输出角，使得照明光线有所提升，同时，开启车灯清洗装置，尽可能地使驾驶员获得较好的视觉，可以安全地行驶在可见度较低的恶劣天气中。

第二节　夜视辅助系统

一、夜视辅助系统的定义

夜视辅助系统是一种利用红外成像技术辅助驾驶员在黑夜中看清道路、行人和障碍物等，减少事故发生，增强主动安全的系统，如图9-9所示。

图9-9　汽车夜视辅助系统

二、夜视辅助系统的类型

按照工作原理不同，夜视辅助系统可以分为主动夜视辅助系统和被动夜视辅助系统两种。

1. 主动夜视辅助系统

主动夜视辅助系统采用主动红外成像技术，把目标物体反射或自身辐射的红外辐射图像转换成人眼可观察的图像，这种系统本身必须具备光源，不发出热量的物体也可以看到，通过图像处理提高清晰度，道路标志清晰可见。

2. 被动夜视辅助系统

被动夜视辅助系统采用热成像技术，基于目标与背景的温度和辐射率差别，利用辐射测温技术对目标逐点测定辐射强度而形成可见的目标热图像，这种系统本身没有光源，仅依靠对物体本身发出的光线进行识别，不发出热量的物体看不清或看不到。图像清晰度取决于天气条件和时间段，图像与实际景象不完全符合。

三、夜视辅助系统的组成

1. 主动夜视辅助系统的组成

主动夜视辅助系统主要由红外发射单元、红外成像单元、电子控制单元（ECU）和图像显示单元等组成，如图9-10所示。

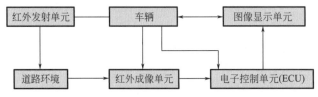

图9-10　主动夜视辅助系统的组成

（1）**红外发射单元**　红外发射单元位于两个前照灯内，当它被激活时，产生的红外线用于照射车辆前方区域，相应的夜视图等同于在远光灯下透过风挡玻璃所见到的情景。

（2）**红外成像单元**　红外成像单元主要是红外图像摄像头，记录车辆前方区域内的图像，并提供其探测范围内是否存在行人或障碍物的信息，然后通过数字视频线将数据发送给电子控制单元（ECU）。

（3）**电子控制单元**　电子控制单元（ECU）分析红外成像单元传来的数据，再通过集成化数据处理，将画面传输给图像显示单元，其中识别的行人和动物以高亮度显示。一般对于数字化的 CCD（电荷耦合器件）摄像头，采集到信号后，会进行必要的去噪声、信号增强等处理，然后再传送到图像显示单元。

（4）**图像显示单元**　图像显示单元接收电子控制单元传来的信号并显示，驾驶员就可以清晰地看到前大灯照射范围之外的景物，避免出现意外。

2. 被动夜视辅助系统的组成

被动夜视辅助系统没有红外发射单元，主要由红外成像单元、电子控制单元（ECU）和图像显示单元等组成。

四、夜视辅助系统的工作原理

1. 主动夜视辅助系统的工作原理

主动夜视辅助系统将摄像头安装到汽车前大灯中，通过卤素灯泡照射，使用多套照射系统和摄像头来识别红外反射波，利用目标反射红外光源。红外光源发出的短红外线是主动照射目标，红外 CCD 探测器接收的目标再反射短红外光线，通过 ECU 处理后，可以把图像信息传递给驾驶员。主动夜视辅助系统对比分辨度高，且图像较清晰、可靠。由于不依靠物体的热源，即使不发热的物体也能清晰可见，比如道路上的行人、车辆、道路标志牌等都可以被发现。

2. 被动夜视辅助系统的工作原理

被动夜视辅助系统利用热成像摄像头接收人、动物等发热物体发出的不同的红外热辐射（远红外线）形成不同的图像，并对图像进行放大和处理后输出。由于不同物体对红外线反射的强弱不同，行人、动物等可以发热的物体在反射中特别突出，通过传感器的捕捉，带有热源的物体影像输出到车载显示屏上。被探测到的物体看起来就像是照相机的底片一样。但是被动红外夜视系统本身无法克服的缺点是，对于无生命、无热源特征的目标，比如道路的标志牌、车道线、车道护栏等物体，被动夜视辅助系统无法检测到图像。此外，由于汽车前风挡玻璃不能传输长波的远红外线，摄像头必须安装在车外，需经常清洁，且在汽车前端碰撞时易损坏。

在被动夜视辅助系统中，关键零部件是红外摄像头，它与主动夜视辅助系统的红外摄像头原理相同，但接收对象存在差异，因此其软硬件设计也有不同。主动夜视辅助系统的红外摄像头主要接收物体对红外光源的反射光线，而被动夜视辅助系统的红外摄像头主要接收物体本身发出的红外辐射。被动夜视辅助系统的红外摄像头主要装配于车辆前保险杠，一般安装在一个防撞击的盒子里，风挡玻璃清洗系统同时负责相机的清洁。当外界气温低于5℃时，镜头盖则被加热，拍摄距离为300m，部分车型的红外摄像头也可以随着车速的增加，通过镜头焦距的改变使得远距离的目标放大，使目标更清晰。

第三节 抬头显示系统

一、抬头显示系统的定义

抬头显示（Head up Display，HUD）系统也称平视显示系统，它利用光学反射原理，将汽车驾驶辅助信息、导航信息、检查控制信息以及ADAS信息等以投影方式显示在风挡玻璃上或约2m远的前方、发动机罩尖端的上方，阅读起来非常舒适。同时还可以显示来自各个先进驾驶辅助系统的警告信息，例如车道偏离预警、来自带行人识别功能的夜视辅助系统的行人避让预警等，避免驾驶员在行车过程中频繁低头看仪表或车载屏幕，对于行车安全起着很好的辅助作用。抬头显示系统如图9-11所示。图9-11中，72km/h表示当前车速；60表示限制速度。

图9-11 抬头显示系统

二、抬头显示系统的组成

抬头显示系统主要由图像源、光学系统和图像合成器等组成，如图9-12所示。

图9-12 抬头显示系统的组成

1. 图像源
图像源一般采用液晶显示屏，实现HUD系统的各种功能，并输出视频信号。

2. 光学系统
光学系统将视频信号投射出去，并且可以调节大小、位置等参数。

3. 图像合成器
一般将前风挡玻璃作为图像合成器，把外部景物信息和内部投影信息合成到一起。

投射的图像在风挡玻璃上发生反射，以达到和前方路况信息叠加、融合的效果。

因此，带抬头显示系统的车辆安装的是特殊的前风挡玻璃，其与传统前风挡玻璃的区别在于前风挡玻璃的两侧扁平玻璃中间的 PVB（聚乙烯醇缩丁醛）膜的厚度不是恒定不变的，而是略微呈楔形，这样的结构使驾驶员不会看到重影。

三、抬头显示系统的工作原理

抬头显示系统的工作原理与使用的光学系统结构密切相关。根据光学系统结构不同，抬头显示系统可以分为风挡玻璃映像式抬头显示系统、前置反射屏式抬头显示系统、自由曲面抬头显示系统、菲涅尔透镜抬头显示系统以及与仪表盘相结合的抬头显示系统等。

1. 风挡玻璃映像式抬头显示系统

风挡玻璃映像式抬头显示系统是最基本也是使用最为广泛的结构，如图 9-13 所示。

从图像源发出的光经投影透镜折射和风挡玻璃反射与外部的景物光一同进入人眼，人眼沿着光线的反向延长线观察到位于风挡玻璃左侧的虚像，从而保证驾驶员能够在观察前方路况信息的同时也能观察到仪表盘上的信息。风挡玻璃一方面能透射外部景物光，另一方面又能反射图像源经过投影透镜的光。这种系统的优点是驾驶员在能够观察到投影像的同时还允许一定范围的头部移动；缺点是图像小，亮度低，视场角小，质量和体积都较大。

2. 前置反射屏式抬头显示系统

前置反射屏式抬头显示系统也是较为普遍的结构形式，如图 9-14 所示。

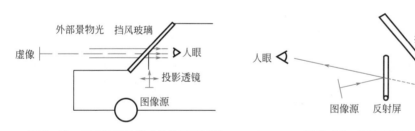

图 9-13　风挡玻璃映像式抬头显示系统　　图 9-14　前置反射屏式抬头显示系统

在驾驶室内设置独立的半反射半透射的反射屏，图像源发射出的光线经过反射屏反射进入人眼，驾驶员沿着该反射光线反向延长线方向能够观察到悬浮在前方的虚像。在这种结构中，反射屏与风挡玻璃是相互独立的两个部分，并不需要对风挡玻璃做镀膜等其他处理。此外，反射屏可以前后转动，投影角度比较灵活，使用时可以将反射屏竖起，不使用时将反射屏放平。但是反射屏的设置会使车内空间变得狭小，且结构复杂。图像源发射出的光线透射过反射屏后会被风挡玻璃反射，部分反射光线会进入人眼对驾驶员形成干扰。

3. 自由曲面抬头显示系统

汽车的风挡玻璃不是一个平面，而是带有一定弧度的曲面，因此可以用自由曲面来代替传统结构中风挡玻璃所在的面。自由曲面抬头显示系统如图 9-15 所示，系统包括两个自由曲面和一个折叠反射镜，实现对图像源成像。

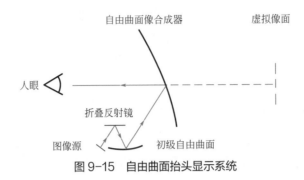

图 9-15　自由曲面抬头显示系统

图像源发射出的光线先经过折叠反射镜反射，再经过初级自由曲面反射，最后经过自由曲面像合成器反射进入人眼，其中，自由曲面像合成器是风挡玻璃所在的面。这种结构形式简单灵活，像差平衡能力强，成像质量较好，但制造成本较高。人眼直接通过风挡玻璃观察外界景物时，风挡玻璃可能会产生一定的像差。

4. 菲涅尔透镜抬头显示系统

在抬头显示系统中，为了获得较大的观察图像范围，通常需要较大口径的光学透镜。光学透镜的口径越大，透镜的体积越大，质量越重，透镜不易加工，且成本较高，因而难以大批量生产。为了在保证透镜口径的前提下减小透镜厚度，可以使用菲涅尔透镜。菲涅尔透镜抬头显示系统如图 9-16 所示。

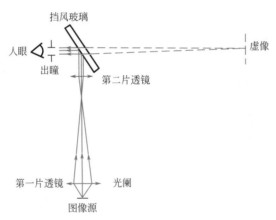

图 9-16　菲涅尔透镜抬头显示系统

菲涅尔透镜抬头显示系统有两片菲涅尔透镜，图像源位于第一片透镜下方，先经过第一片透镜再经过第二片透镜放大，最后经风挡玻璃的反射进入人眼。菲涅尔透镜系统结构形式简单，透镜的体积小，质量轻，同时，菲涅尔透镜还可以校正风挡玻璃所产生的像差；但是系统的轴外视场像差较大。

5. 与仪表盘相结合的抬头显示系统

在上述抬头显示系统中，汽车前方仪表盘的存在限制了抬头显示系统的可用空间范围。与仪表盘相结合的抬头显示系统如图 9-17 所示，包含一个图像源、一个分光镜、多个平面反射镜和一组光学系统。

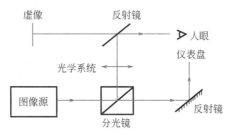

图9-17　与仪表盘相结合的抬头显示系统

　　图像源发出的光经过分光镜分成透射部分和反射部分，透射部分的光经过平面反射镜反射，将透射图像反射到仪表盘上作为显示信息；反射部分的光经过光学系统折射和风挡玻璃反射进入人眼。仪表盘系统和抬头显示系统采用同一个图像源，可以保证二者显示信息的实时性，而且使用这种包含分光镜在内的系统，可以去除掉一些不必要的结构，充分利用驾驶台前方的可用空间，减小系统的体积。

第四节　驾驶员疲劳监测系统

一、驾驶员疲劳监测系统的定义

　　驾驶员疲劳监测系统是基于驾驶员生理图像反应，通过驾驶员的面部特征、眼部信号、头部运动等推断驾驶员的疲劳状态，并进行报警提示和采取相应措施的装置。它能够在汽车行驶过程中，全天候监测驾驶员的疲劳状态、驾驶行为等。在发现驾驶员出现疲劳、低头、闭眼、打哈欠、打电话、遮挡镜头、左顾右盼等错误驾驶状态后，该系统将会对此类行为进行及时的分析，并进行语音提示、座椅振动、转向盘振动等，达到提醒驾驶员、纠正错误驾驶行为的目的，如图9-18所示。

图9-18　驾驶员疲劳监测系统

　　当视觉传感器将图像数据一帧一帧不间断地捕捉后，传输至处理器模块，处理器也将对每一帧图像进行预处理和分析。交通事故的发生就在几秒的时间内，有研究调查，提前2s预警将能减少92%的交通事故，提前0.5s预警将会避免73%的交通事故。因此要想达到更为准确和快速的预警效果，就要求处理器的处理性能和软件算法达到一个更高的水平，高速硬件处理系统和优化的算法是及时预警的保证。

硬件方面，一般的图像处理系统主要是利用CPU的计算性能来满足处理要求。但通常情况下，这样的硬件性能对于图形计算的重复性和大量性，将会造成处理延迟，不能满足高速硬件处理性能要求。一般的系统，CPU核心数不超过两位数，而搭载更多图形专用处理器GPU的系统，将完美解决上述问题。GPU可以实现几十甚至上百的核心数据同时计算，在应对庞大的图形数据处理时就表现出了更好的加速性能，从而实现图像处理的快速性。

软件方面，软件性能主要体现在算法优化上。摄像头将图像从三维转化至二维，而在二维图形中通过算法来进行特征识别和决策判断，将会在很大程度上加大算法的难度，这也是传统驾驶员疲劳监测系统识别准确性低的一个原因。通过三维点云技术，可将图形恢复重建为立体化图像，实现特征像素的三维坐标的描述。立体化图像有利于疲劳状态如嘴巴张合、眼睛闭合、瞳孔变化、头部低下等信息的捕捉，达到对特征的良好识别。算法的不断优化更是预警准确性的重要保障之一。

深度机器学习技术的运用将更好地实现人工智能。在驾驶员疲劳监测系统中采用深度机器学习技术中的卷积神经网络，可以更准确地对特征进行识别和表达。普通神经网络由于训练代价较高，一般只有3～4层，而深度神经网络由于采用了特殊的训练方法可以达到8～10层甚至更多。深度神经网络能够捕捉到数据中的深层联系，从而得到更精准的模型，而这些联系不容易被普通的神经网络发觉。因此，未来驾驶员疲劳监测系统必将采用人工智能来识别驾驶员的疲劳状态。

二、驾驶员疲劳监测系统的组成

驾驶员疲劳监测系统一般由视频采集单元、驾驶员驾驶状态分析单元、报警控制单元、报警单元和视频存储单元组成，如图9-19所示。

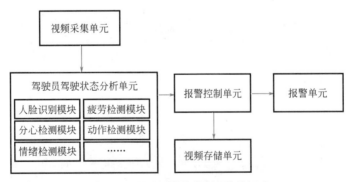

图9-19　驾驶员疲劳监测系统的组成

1. 视频采集单元

视频采集单元主要利用视觉传感器采集驾驶员信息的视频流。

2. 驾驶员状态分析单元

驾驶员驾驶状态分析单元主要包括人脸识别模块、疲劳检测模块、分心检测模块、动作检测模块以及情绪检测模块等，其中人脸识别模块从视频流中抓取人脸质量合格的图像，可进行身份注册或者和数据库中的人脸数据进行比对，完成驾驶员身份验证，这一模块对于营运车辆比较有用；疲劳驾驶模块从视频流中实时获取含有驾驶员面部信息的图像，并对驾驶员状态进行疲劳检测；分心检测模块从视频流中实时获取含有驾驶员面部信息的图像，并对驾驶员状态进行分心检测；动作检测模块从视频流中实时获取含有驾驶员面部信息的图像，并对驾驶员状态进行动作检测；情绪检测模块从视频流中实时获取含有驾驶员面部信息的图像，并对驾驶员状态进行实时情绪检测。不同的驾驶员疲劳监测系统，驾驶员驾驶状态分析单元包含的模块是不一样的，采用的分析方法也是不一样的。

3. 报警控制单元

报警控制单元根据当前驾驶员人脸识别、疲劳检测、分心检测、动作检测以及情绪检测结果，判定当前驾驶员驾驶状态是否符合报警条件，若达到报警条件则根据报警优先级控制报警单元报警。

4. 报警单元

报警单元根据报警控制单元传递的信息，通过语音提示、座椅振动、转向盘振动等方式对驾驶员进行疲劳预警。

5. 视频存储单元

视频存储单元存储驾驶员身份验证失败的图片以及报警前后一段时间的视频作为凭证。

三、驾驶员疲劳监测系统的要求

1. 驾驶员疲劳监测系统的功能要求

驾驶员疲劳监测系统具有以下功能要求。

（1）**驾驶员信息采集及验证功能**　通过人脸识别模块，完成驾驶员身份证信息的采集和驾驶信息的存储，主要包括驾驶员信息采集、驾驶员信息验证及存储和人脸图像质量筛选。

（2）**疲劳检测功能**　在一段时间内，通过对睁闭眼时长、眨眼次数和打哈欠次数等指标进行检测。当闭眼时长超过某个时间限制、眨眼次数超过某个次数限制、打哈欠次数超过某个次数限制等时，则判定为疲劳。检测方式为睁闭眼检测和打哈欠检测。

（3）**分心检测功能**　分心检测是指在驾驶员驾驶过程中，通过视觉传感器获取驾驶员的头部姿态和视线方向，并通过预设定的分心判别策略来判断驾驶员是否处于分心状态。当出现分心状态时，系统应发出报警。

（4）**危险动作检测功能**　危险动作检测功能主要包括驾驶员检测和危险动作检测。危险动作检测主要是对驾驶员的危险动作的检测，并在危险动作发生时给予提示或报警。

（5）**情绪检测功能**　情绪检测通过实时获取驾驶员面部信息，对当前时刻驾驶员的情绪状态进行判定，并能量化反映驾驶员处于该情绪状态下的程度，对超出一定阈值范围的情绪状态进行预警提醒。

2．驾驶员疲劳监测系统的性能要求

驾驶员疲劳监测系统具有以下性能要求。

（1）**驾驶员信息采集及验证性能**　驾驶员信息采集及验证性能指标应为某一误识别率下的通过率，在同一误识别率下，通过率越高，驾驶员信息采集及验证性能越好。在误识别率为 0.1% 时，通过率应不小于 90%。

（2）**疲劳检测性能**　疲劳检测性能指标为某一误报率下的检出率，同一误报率下，检出率越高疲劳检测性能越好。当误报率为 0.1% 时，检出率应不低于 90%。

（3）**分心检测性能**　分心检测性能指标为相机标定的误差、头部姿态估计的误差、人眼视线跟踪的误差、识别率以及误检率。相机标定要求重投影误差应小于 0.5 个像素；头部姿态估计要求旋转角、俯仰角、倾斜角的平均误差应小于 5°；人眼视线跟踪要求平均误差应小于 5°；识别率应不小于 90%；误检率应低于 10%。

（4）**危险动作检测性能**　危险动作检测性能指标为检出率和误检率，在误检率为 0.1% 的情况下检出率高于 90%，可较大限度保证危险动作检测模块的有效性。

（5）**情绪检测性能**　情绪检测性能指标包括正向情绪识别率、负向情绪识别率、情绪状态误报率和情绪状态检出率。正向情绪状态识别率应高于 90%；负向情绪状态识别率应高于 90%；情绪状态误报率应低于 10%；情绪状态检出率应高于 90%。

参考文献

［1］崔胜民，俞天一，王赵辉. 智能网联汽车先进驾驶辅助系统关键技术［M］. 北京：化学工业出版社，2019.

［2］崔胜民，卞合善，等. 智能网联汽车先进驾驶辅助系统［M］. 北京：人民邮电出版社，2021.

［3］中华人民共和国国家质量监督检验检疫总局. 智能运输系统 车辆前向碰撞预警系统 性能要求和测试规程：GB/T 33577—2017［S］. 北京：中国标准出版社，2017.

［4］中华人民共和国国家质量监督检验检疫总局. 智能运输系统自适应巡航控制系统性能要求与检测方法：GB/T 20608—2006［S］. 北京：中国标准出版社，2006.

［5］中华人民共和国国家质量监督检验检疫总局. 智能运输系统 车道偏离报警系统 性能要求与检测方法：GB/T 26773—2011［S］. 北京：中国标准出版社，2011.

［6］国家市场监督管理总局，国家标准化管理委员会. 道路车辆 先进驾驶辅助系统（ADAS）术语及定义：GB/T 39263—2020［S］. 北京：中国标准出版社，2020.

［7］国家市场监督管理总局，国家标准化管理委员会. 道路车辆 盲区监测（BSD）系统性能要求及试验方法：GB/T 39265—2020［S］. 北京：中国标准出版社，2020.

［8］国家市场监督管理总局，国家标准化管理委员会. 乘用车车道保持辅助系统（AEBS）性能要求及试验方法：GB/T 39323—2021［S］. 北京：中国标准出版社，2021.